Hinnerk Polenski

Hör auf zu denken – sei einfach glücklich!

Hinnerk Polenski
Ulrike Wischer

Hör auf zu denken – sei einfach glücklich!

O.W. BARTH

Besuchen Sie uns im Internet:
www.ow-barth.de

Ein Unternehmen der Droemerschen Verlagsanstalt
Th. Knaur Nachf. GmbH & Co. KG, München

Redaktion: Martina Darga
Illustrationen: Hinnerk Polenski
Umschlaggestaltung: ZERO Werbeagentur, München
Umschlagabbildung: FinePic®, München
Satz: Adobe InDesign im Verlag
Druck und Bindung: CPI – Ebner & Spiegel, Ulm
Printed in Germany
ISBN 978-3-426-29209-9

[redacted]
2 4 5 3 1

Für diejenigen,
die das Gefühl haben,
nach Hause zu wollen,
und jetzt bereit sind,
den Weg dorthin auch zu gehen.

»Wenn der Geist still wird, wird die Welt wahr.«
Gotan Osho

INHALT

Ich will heute etwas erzählen
über den Sinn unseres Lebens,
über die Liebe,
den Wandel
und das Wachstum.

Ja, der Sinn des Lebens ist Wachstum,
und die Erde, der Nährboden, der Dünger
das alles ist die Liebe.

Schaut euch um,
diese Blumen und Pflanzen um uns herum,
die wachsen auch,
einfach so.
Die haben keine Probleme
so wie wir.

Zunächst ist wichtig:
Ihr habt alle – jeder von euch –
dieses Recht in euch,
ein wunderbarer, schöner Mensch zu werden.

Und das Tolle daran ist:
Ihr müsst überhaupt nichts machen.
Ihr braucht keine Bedienungsanleitung,
ihr braucht keinen Bauplan!
Ja, ihr müsst einfach dieses Wachsen zulassen,
dieses Wachsen in euch selber.

Hinnerk Syobu Polenski

NICHT DENKEN, NUR TUN

Macht Denken unglücklich?

Überwinde Denken und Verstrickung, dann liegt alles offen vor dir.

Gut, und was heißt das für mich, für den normalen Menschen?

Aus meiner Sicht macht zu viel Denken unglücklich. Ja, ich kann sagen, du wirst glücklich, zufrieden und mit Freude erfüllt sein, wenn du gelernt hast, das Gedankenkarussell in deinem Kopf anzuhalten.

Warum kannst du das mit solch einer Sicherheit sagen? Ist das nicht etwas anmaßend? Schließlich hat das Denken unsere Zivilisation weit vorangebracht; viele nützliche Dinge sind durch Denken entstanden.

Ist das so?

Nicht …?

Vernunft ja, aber Denken oder gar Grübeln? Hat je ein Gedanke dich glücklich gemacht? Dabei meine ich wirklich nur den reinen Gedanken, nicht das Gefühl, das durch ihn ausgelöst wird. Viele Menschen denken zum

Beispiel über die Liebe nach, und noch mehr über die Frage, warum sie die Liebe in ihrem Leben nicht finden können. Und warum finden sie die Liebe nicht? Weil sie über Liebe nachdenken, statt Liebe zu leben, die Liebe in sich selbst zu spüren.

Nun ja, für die Liebe mag das so zutreffen, aber der normale Alltag ist doch eher geprägt vom Denken.

Wann entstehen denn die tiefen, echten, großen, heilsamen Erfahrungen, Gefühle in uns? Sicherlich nicht bei einer wirtschaftspolitischen Diskussion über die Anhebung oder Senkung irgendwelcher Steuern. Sondern dann, wenn ein Künstler eins wird mit seinen Arbeitswerkzeugen, wenn ein Maler verschmilzt mit Pinsel und Leinwand. Auch ein Musiker wird manchmal eins mit seinem Instrument und dem Ton. Dann entsteht ein Welthit, weil er die Menschen auf einer anderen, besonderen Ebene – dem Herzen – berührt. Oder der Spieler auf dem Fußballplatz bildet plötzlich eine Einheit mit dem Ball; sein Fuß und das Leder sind verbunden, und dann schießt er das entscheidende Traumtor. In solchen Momenten passiert das Wunderbare, genau dann entstehen Liebe, Freude, Hingabe – und das ist das Leben, das ist Glück.

Aber nicht jeder ist ein Superspieler wie Mario Gomez! Das normale Leben ist doch etwas nüchterner, wenn nicht sogar sehr viel härter. Es hat wenige Augenblicke des Beseeltseins.

Diesen Zustand, den ich beschreibe, kennen die meisten Menschen auch aus ihrem Alltag: die Arbeit an einem Frühlingstag im eigenen Garten oder das Spielen mit den Kindern am Badesee, die Geburt eines Kindes, der Moment des ersten oder des neuen Verliebtseins, das Wiedersehen mit einem langjährigen Freund – da zählt immer nur der Moment. Wenn wir uns einmal in Ruhe hinsetzen und nachfühlen, dann fällt jedem garantiert auch so ein Moment, ach, bestimmt sogar viele solcher Momente ein.

Ich behaupte: Es gibt kaum einen Menschen auf dieser Erde, der nicht schon solche Momente erlebt hat.

Was passiert in diesen, ich nenne sie mal »Momenten der Liebe«?

Da ist ein Mann, da ist eine Frau, da ist ein Kind. Er, sie, es haben »sich« völlig vergessen und leben, erleben allein den Augenblick. Das ist der Zauber, der aufscheint, wenn der Mensch seinem »wahren Wesen«, seinem Herzen, seinem Selbst – oder wie auch immer der Mensch sein Innerstes bezeichnet – begegnet. In solchen Momenten ist nur noch Sein.

Ja, solche Momente kenne ich auch, das stimmt. Aber so ganz ohne Denken geht's trotzdem nicht, oder?

Ich sage nicht, dass Denken unsinnig oder gar überflüssig ist. Deine Frage war: Macht Denken unglücklich? Denken an sich ist ein sehr nützliches Werkzeug – so wie ein Hammer gut ist, um einen Nagel in die Wand zu schlagen.

In dem Moment aber, in dem ich denke, ich bin der Hammer – im Sinne des englischen Spruchs »If I have a hammer in my hand, everything looks like a nail« –, in diesem Moment fällt ein großer Teil von dem, was mich ausmacht, was mein Wesen ausmacht, ab. Und dann ist Denken nicht mehr nützlich. Das ist genau der Unterschied zu den Situationen, die ich vorher beschrieben habe. Der Spieler denkt nicht, er ist der Ball. Er verschmilzt mit dem Ball, er ist tatsächlich eins mit ihm. Das nenne ich auch »von etwas erfüllt sein«.

Und das ist es dann auch, was mich glücklich sein lässt?

Ja, das, was hinter dem Denken ist. Was hinter den Wolken des Denkens in mir selber ist.

»Was hinter den Wolken des Denkens in mir selber ist« – das hört sich großartig an, und was ist das?

Das ist die Sonne des Herzens. Das ist das reine Wesen.

Super, noch zwei tolle Begriffe – und wer soll das verstehen? »Sonne des Herzens«, »das reine Wesen«, uff.

By the way: Wie spreche ich einen Zen-Meister eigentlich richtig an?

Sensei, das ist der japanische Begriff für »Lehrer« ganz allgemein. Mit meinen Schülern und auch den meisten Seminarteilnehmern duze ich mich, Hinnerk ist dann mein Name. Syobu Sensei geht auch. Syobu ist der buddhistische Name, den mir mein Lehrer gegeben hat, ein alter Samurai-Name, er bedeutet so viel wie »Respektabler Zen-Krieger«. Auf »Herr Polenski« reagiere ich auch – aber das sind alles nur Namen, das bin nicht ich.

Gut, ich nehme Sensei.

Nun Sensei, was ist die »Sonne des Herzens«, »das reine Wesen«?

Das ist Zen-Sprache.

Was ist »Zen-Sprache«?

Zen-Sprache ist eine Kommunikation ohne die Logik des Verstandes. »Die Sonne des Herzens« ist also nicht die bekannte Sonne, die am Himmel steht, sondern umschreibt die Fähigkeit, mitten in einem Geräusch in eine Stille zu gehen, wo alle Gedanken zur Ruhe kommen. Wenn alle unheilsamen Gefühle und alle unruhigen Energien und Körperempfindungen durch die Übung oder durch einen besonderen Moment zur Ruhe kommen – dieser Zustand umschreibt »das reine Wesen«.

Kann ich auch einfach sagen, dann bin ich glücklich und zufrieden, erfüllt von innerem Frieden und Freude?

So ungefähr, ja.

Prima, wer will das nicht – raus aus dem Hamsterrad, glücklich und in Frieden sein. Aber wie geht das?

Seit vielen tausend Jahren gibt es diese Wege auf dieser Welt. Ein Weg ist das Zen. Ein anderer Weg ist der tibetische Buddhismus unter der Leitung des Dalai Lama. Aber auch christliche Mystiker haben bis etwa ins 14. Jahrhundert einen Weg verfolgt. Genauso finden wir in Indien, in der indischen Religion, dem Hinduismus, verschiedene Wege.

Was genau ist Zen? Ein Parfüm? Ein Zen-Garten, den ich bei Tchibo kaufen kann? Bilder an der Wand und Buddhas auf dem Bücherregal?

Wenn der Geist still wird, wird die Welt wahr.

Zen ist weder eine Lehre noch ein Konzept. Es ist auch keine Religion, kein Dogma und keine Lebensphilosophie. Zen ist lebendig. Zen ist ein Weg – nicht mehr und nicht weniger.

Und wohin führt dieser Weg?

Dieser Weg führt zu unserem wahren Kern, dem wahren Wesen eines jeden Menschen, zu unserem Selbst. Dieses Selbst zu erkennen, das ist das vermeintliche Ziel. Vermeintlich deshalb – und das ist das Paradoxe oder Verwirrende für viele Menschen –, weil es im Zen eigentlich nichts zu erreichen gibt, denn unser Selbst ist ja schon da. Das war es immer und wird es immer sein.

Dieses Selbst also muss nicht gesucht und kann folglich auch nicht gefunden werden. Wie gesagt, es ist ja immer da – jeden Tag, jede Stunde, jede Minute, in jedem Atemzug. Doch wir sehen es nicht, wir fühlen es nicht, wir erkennen es nicht. Das ist die Schwierigkeit. Und das Beste, was uns in diesem Leben passieren kann, ist, unser Selbst, unseren wahren Kern zu entdecken, zu erfahren. Eben diese Erfahrung lässt uns dann wirklich glückselig werden. Diese Entdeckung ist der wirkliche Beginn unseres Lebens.

Und wie hilft mir Zen dabei?

Die Praxis des Zen löst die Hindernisse auf, die es uns jetzt noch nicht ermöglichen, unser »wahres Selbst« zu sehen. Geht man diesen Weg, dann führt er zu einem tiefen Glück, unabhängig von allen Bedingtheiten, frei, offen und unbegrenzt. Mit Bedingtheit meine ich die Beziehung, die es normalerweise zwischen den Dingen, den Objekten gibt: Das eine ist gut, darum ist das andere böse usw.

Aber für mich ist wichtig zu betonen, dass es seit vielen tausend Jahren verschiedene Wege gibt, die zu unserem »wahren Selbst«, zu unserem »Wesen« führen. Zen ist einer dieser Wege. Letztlich ist es auch egal, auf welchem Weg der Mensch »sich selber« begegnet, wichtig ist nur, dass er es irgendwann tut. Mein Weg ist Zen.

Einige Schüler fragten ihren alten Meister:
»Du scheinst immer glücklich
und zufrieden zu sein,
wie machst du das, was ist dein Geheimnis?«

Der Meister antwortete:
»Wenn ich schlafe, dann schlafe ich.
Und wenn ich esse, dann esse ich.
Und wenn ich rede, dann rede ich.«

Die Fragenden waren irritiert:
»Was soll das? Das tun wir auch.
Wir essen, schlafen und reden.
Aber wir sind nicht glücklich so wie du.
Was machst du anders als wir?«

Es kam wieder die Antwort:
»Wenn ich schlafe, dann schlafe ich.
Wenn ich esse, dann esse ich,
und wenn ich rede, dann rede ich.«

Der Unmut der jungen Leute wuchs,
das spürte auch der Meister, also fügte er hinzu:
»Sicher tut ihr die Dinge, wie ich sie tue.
Aber während ihr esst,
denkt ihr schon an die Arbeit danach.
Während ihr euch ausruht, überlegt ihr,
wohin ihr danach geht, und während ihr geht,

fragt ihr euch, was ihr demnächst essen werdet.
So sind eure Gedanken
ständig woanders und nie da,
wo ihr gerade seid.
Und genau das ist der Unterschied,
und darin liegt das Geheimnis.«

Zen-Geschichte

Menschen sind unglücklich, ihre Partnerschaften zerbrechen, viele sind einsam. Meinst du wirklich, diese Menschen denken zu viel?

Ja, zum Teil ist das sicher ein Grund. Ständig überlegen sie: Was habe ich der Nachbarin bloß schon wieder getan, sie hat mich so komisch angeschaut. Oder: Mein Chef hält nichts von mir, er hat mir heute nicht einmal »Guten Tag« gewünscht. Oder – noch vertrackter: Meine Frau sieht so gut, so glücklich aus. Hat sie einen Freund? Und dann setzt die Denkmaschine erst richtig ein. Was denkt er? Wie guckt sie? Was erzählen die anderen hinter meinem Rücken? Ich habe jetzt schon zweimal angerufen, warum meldet er sich nicht mal von sich aus??? … Und so weiter, und so weiter.

Wenn man ganz genau hinsieht, reduziert sich die Ursache für unser Unglück auf einen einzigen Punkt. Wenn man aber an der Oberfläche, in der sogenannten relativen Welt bleibt, gibt es dafür Tausende von Gründen.

Und was ist die sogenannte relative Welt?

Die relative Welt ist die Welt, in der wir die Dinge benennen und uns auf eine Bedeutung dieser Bezeichnungen oder Worte geeinigt haben. Eigentlich sollten wir unter dem, was wir benennen, das Gleiche verstehen. Doch meistens funktioniert das nicht.

Nehmen wir mal den Begriff »Wetter« als Beispiel. Wetter ist das Zusammenspiel von Strömungen, ob die Sonne scheint oder nicht. Trotzdem löst das Wort »Wetter« bei dem einen gute und bei dem anderen negative Emotionen oder Gedanken aus: »Sonne yipeah«, »Wo ist meine Sonnenbrille?«, »Ich will ein Eis«, »Mist, meine Balkonpflanzen vertrocknen«, »Schön, die Garten-Party kann stattfinden«, »O Gott, mein Kopf, viel zu hell hier, nie wieder Jägermeister«. Die gleiche Sonne und Hunderte von Gedanken und Gefühlen, Erinnerungen und Hoffnungen, Befürchtungen, Freud und Leid.

Welche »tausend Gründe« sind da für das Unglücklichsein des Einzelnen verantwortlich?

Alle Dinge haben für uns einen eingefassten Rahmen. Nehmen wir noch ein Beispiel: »der Baum«. Es gibt Menschen, die denken: »Oh, was für ein schöner romantischer Baum.« Andere denken: »Wenn ich den fälle, dann verdiene ich zwanzigtausend Euro.« Der Schreiner sieht Tischplatten und Säulen, während manch einer sagt: »Dieser Mist-Baum schmeißt mir Blätter auf mein Auto.« Und der Grüne und der Gärtner denken: »Hm, wie kann ich diesen Baum erhalten?« Kurz, die Wahrnehmung der Welt ist immer abhängig von einem Beobachter, von dem also, der diese Welt oder einen Teil von ihr sieht, erlebt.

Und das Bild, das der Einzelne schafft, ist wiederum abhängig von seinen Erfahrungen, seinen Prägungen, seiner eigenen Welt. Und da die niemals bei zwei Wesen gleich sind, sieht jeder Mensch auf dieser Erde den einen Baum anders. Der Beobachter macht die Beobachtung erst zu dem, was sie ist.

Das heißt, ich sehe die Welt aus meinem Blickwinkel, mit meinem Erfahrungshintergrund. Mein Partner, mein Kollege oder die Kassiererin an der Kasse tun dasselbe. Sie sehen deshalb vermutlich eine andere Realität als ich, weil sie ja einen anderen Erfahrungsschatz haben. Und diese getrennten Sichtweisen lösen ganz schnell, nennen wir es mal Missverständnisse aus. So?

Ja, so ungefähr. Grenzen entstehen durch die Kategorien, die wir geschaffen haben. Die es in der Wirklichkeit nicht gibt, die es in unserem innersten Wesen, in unserem wahren Kern auch nicht gibt. Dieses System von Vorstellung, Grenze und selbstgemachten Bildchen ist sehr gut zum Einkaufen: Wenn ich sage, ich hätte gerne zwei Liter Milch, dann weiß ich genau, dass ich zwei Tüten in meinen Korb packe. Das ist ein sehr altes System, aber unser

Geist ist sehr viel weiter als dieses uralte und auch sehr nützliche und gute System.

Das ist also die eine Seite, die Seite der sogenannten relativen Welt. Und was ist der einzige Punkt, »wenn man genau hinschaut«, wie du gesagt hast, der Menschen unglücklich sein lässt?

Liegt doch eigentlich auf der Hand, oder? Der Punkt ist, dass ich nicht ich selbst bin.

»Wer bin ich?« – um diese Frage geht es sehr oft in den Teishos, den Lehrreden also, die die Zen-Meister und -Lehrer während der traditionellen Zen-Treffen, Sesshin genannt, halten.

Teisho
WER BIN ICH?

Alle großen Meister des Ostens stellten immer wieder
die entscheidende, die letzte große Frage:
Wer bin ich?

Wir werden geboren in diese Welt. Mit großen unschuldigen Augen sehen wir all die wunderbaren Dinge.
Geschützt, wenn wir Glück haben, durch die Liebe
unserer Eltern.
Und mehr und mehr wird uns die Welt erklärt.
Wie lernen, was ein Baum ist.
Wir lernen das Abc.
Wir lernen Fahrradfahren.
Wir lernen, dass es Auseinandersetzungen gibt.
Wir lernen, uns zu schützen und in der Welt zu
bestehen.
Wir lernen, uns abzugrenzen.
Wir lernen einen Partner und die Liebe kennen
und Enttäuschungen.
Wir lernen tausend Dinge.

Was uns aber nie begegnet auf diesem Weg
ist die Antwort auf die Frage:
Wer bin ich eigentlich?

Die meisten von uns stellen aber auch gar nicht diese Frage.
Wie die Dinge funktionieren, das wissen wir sehr gut, wer wir sind, gar nicht.

Und wenn wir uns diese Frage dann doch stellen,
dann ist da ein vages Fragezeichen,
ein Anflug von Ratlosigkeit.
Und genau dieses unbestimmte Gefühl,
das ist unsere Chance.

Denn solange es unbestimmt bleibt und
wir uns nicht von alten Männern und Werbefritzen erzählen lassen, was wir zu glauben und zu meinen haben,
ist genau dieses unbestimmte Gefühl
das Tor zur Antwort.

Solange es frei bleibt,
ist es unsere große, ganz persönliche Chance.
Das ist das Tor.
Nicht da draußen,
nicht in Meinungen und Büchern und Regelwerken,
nicht außerhalb von uns.
Sondern diese Offenheit,
dieses Anhalten, dieses Nein zu jeder Definition
öffnet ganz zart, ganz leicht das Tor.

Gehe ich hindurch, bin ich auf dem Weg.
Das Tor entsteht in mir,
»Tor« ist ein anderes Wort für »Entscheidung«:

Ja, ich will wissen, wer ich bin,
was das alles hier ist,
was Leben und Tod bedeuten –
ja, was an erster Stelle Ich und Leben bedeuten.

Ist diese Entscheidung da, beginnt der Weg des Zen.

In dem Maße, in dem ich sage »Ich bin, wie ich bin,
und so will ich bleiben«
– nämlich so bleiben,
wie wir es von außen gelernt haben –,
umso mehr wird sich in mir dieses Tor schließen,
mein Herz wird verhärten,
und ich bin für immer im Außen, verbannt im Exil.

Je mehr wir in diesem Außen sind,
umso mehr sind wir gezwungen, den Fluss des Lebens zu sichern,
zu stoppen, zu kanalisieren.
Wir wirken und werden statisch, fest und hart,
aber auch zerbrechlich, bedroht und begrenzt.
Immer im Zwang, mich gegen Veränderung zu verteidigen.
Ein Bemühen, das uns wie Sand in den Händen zerrinnt
oder das gewaltige Lebenskraft kostet und uns erschöpft,
weil es nicht wirklich ist.
Wir müssen immer Neues bauen und erschaffen,
das hinter uns verfällt, wieder zerfällt,
wie die Sandburg im Takt der Wellen.

Aber –
und darin liegt für uns persönlich die ganz große Chance:
Die ganze Zeit ist die Antwort in uns, vor unserer Nase, besser gesagt, hinter unserer Nase.

Sie ist in uns selbst.
Es gibt da einen Ton in uns.
Manche spüren ihn als Sehnsucht.
Es gibt eine tiefe Sehnsucht, die uns berührt.
Aber wir wissen gar nichts damit anzufangen.
Ja, sie macht uns Angst,
denn sie hat kein Gegenüber in der Welt.
Wo es heißt, ich muss mich durchsetzen,
Karriere machen, kämpfen, meinen Mann und meine Frau stehen,
da scheint er gar nicht zu helfen, dieser Ton.

Und so kämpfen wir tapfer weiter,
die Sehnsucht spüren wir nicht mehr.
Was bleibt, ist eine Traurigkeit.
Eine tiefe Traurigkeit, die nur manchmal da ist.
Die noch weniger erklärlich ist
und die unangenehm scheint, zumindest beunruhigend.
Und viele machen auch dieses letzte Empfinden zu.

Der Weg ist in uns selber.
Ja, was ist denn das, wenn er in uns selber ist?
Was bedeutet das?

Zen ist an erster Stelle ein Anhalten und Kraftsammeln, Kraft sammeln für den Weg zu mir, zu Freiheit und Glück.

Dieser Weg besteht aus einem Anhalten.
Ein Anhalten im Rastlosen,
ein Anhalten im Selbstmitleid,
ein Anhalten im Gewusel, im Aktionismus.

Einfach anzuhalten
und die Dinge für den Moment sein zu lassen.
Einfach in Stille zu sein, durch die Zen-Übung.
Und in dieser Stille
ist auf einmal diese Traurigkeit, dieses Berührtsein da.

Wir können nicht sehen,
wer wir sind in der Situation,
in der wir uns gerade befinden.
Wir können nicht alle Illusionen durchschauen.
Wir leben in einer Welt der Täuschungen, erst mal.
Das ist eine Weisheit.
Aber wir können erkennen, wer wir wirklich sind.
Ja, aber wie geht das?

Die Berührtheit, die Sehnsucht,
das Spüren von nicht Erfassbarem,
ja Unruhe ohne Gegenüber ist schon der Weg selbst.

Stellt euch vor:
Ein wunderbarer Tag, und die Sonne geht unter,

und nun sehe ich meinen eigenen Schatten,
und dieser Schatten ist die Traurigkeit.

Und jetzt kannst du verstehen,
wenn der Zen-Meister sagt,
die Melancholie ist ein Hinweis zum Weg.
Du musst dich nur 180 Grad umdrehen.
Hinter der Traurigkeit ist ein Licht,
und da ist ein Weg, und dann habt ihr die Sehnsucht.

Und jetzt habt ihr den Weg.
Die Sehnsucht, die unbenennbare Stimmung,
das nicht erfassbare Berührtsein
ist das Spiegelbild des Lichts,
des Herzens in mir.
Es zeigt mir den Weg.
Die Traurigkeit, das Zweifeln, das Deprimiertsein
ist das Bedauern über das Abgewendetsein davon.
Der hektische Aktionismus, das Agieren und
Reagieren in Hunderten von Blasen, Impulsen und
Gefühlen
ist die Flucht davor.

So einfach ist das.

Jetzt braucht es nur die Zen-Übung und einen Lehrer,
der euch die Möglichkeit gibt, diese Sehnsucht
freizulegen.
Sie vorsichtig, archäologisch ganz sanft freizulegen.

Es geht darum, einen Raum zu schaffen,
durch den nicht eine dumme,
hysterische Elefantenherde latscht.
Sondern ihr schafft euch einen eigenen Raum.
Zuerst jeden Morgen, 25 Minuten.
Für euch.

Und da ist niemand, kein Partner, kein Kind, kein
Ehemann, kein Arbeitgeber, kein Fernseher, keine
Tageszeitung –
niemand, der auch nur ein einziges
klitzekleines mehr Recht hat als ihr selbst.
Denn wenn ihr den Menschen dienen wollt, euch selbst,
eurem Partner, euren Kindern, den Menschen um euch,
dann müsst ihr erst euch selbst dienen.

Ihr könnt nur Vorbild sein,
wenn ihr wirklich dienen wollt.
Und in diesem kleinen Raum morgens,
der für euch ist,
diesem heiligen Raum
von der Größe einer Meditationsmatte
90 x 90 Zentimeter,
da darf die Sehnsucht aufleuchten.
Sie darf euch erzählen von der Schönheit des Lebens,
sie darf euch erzählen,
was heilsam ist und was unheilsam.

Und dann brauchen wir keine Gurus,
keine Ideologen, keine Führer, keine schlauen Leute,

die diese Bücher schreiben,
wir brauchen nur uns selbst.

Und da setzt Zen an.
Der Weg des Zen bringt uns zu uns selbst,
durch Anhalten, durch Stillsein.
Der Zen-Weg ist ein didaktischer Weg.
Er ist kein inhaltlicher Weg.
Denn der Inhalt leuchtet gleichermaßen in jedem Menschen,
und das ist die Liebe –
und zwar eine Liebe ohne Gefühle
von Gier, Hass und ohne Verblendung.

Und darin besteht die Kunst
der Übung:
den Unterschied von beidem zu erkennen,
von Liebe und bedingten Gefühlen.

Die Stille zu spüren.
Das Stillwerden in der Übung.
Und da ist die Sehnsucht.
Und nun folge ich der Stille mehr und mehr,
und ich erkenne:

Atta dipa viharatha.
Atta sarana ananna sarana.

Übersetzt heißt das:
»Du bist das Licht, ruhe in dir selbst – und sonst nichts.«

In dem Maße, in dem ihr euch nach innen diesem Licht nähert, in dem Maß werdet ihr zum Zentrum.
Wenn ihr im Zentrum eures Herzens seid,
seid ihr das Zentrum dieses Lichts, und
es gibt keinen Schatten mehr,
denn ihr seid die Quelle.
Das ist das Erbe unseres menschlichen Seins.

Ein unbestimmtes Gefühl, ein Ton, der erklingt.
Ein Lied, das gespielt wird, und ein Herz wird berührt.
Die große Natur.
Immer dann, wenn ein Moment des Innehaltens ein Gänsehautschauer ist.

Und ihr erkennt,
hallo Sehnsucht, das ist ja der Weg.
Und wenn ihr diesem Weg folgt,
dann wird es heller.
Und in dem Moment,
wo ihr im Zentrum eures eigenen Seins seid,
leuchtet die Antwort auf.

Wer bin ich?

Dann ist kein Schatten mehr da,
und ihr seid auf dem Weg,
von dem ihr nicht mehr runterfallen könnt.
»Wer bin ich?« ist die große Leitfrage des Lebens.

Wer von dieser Frage getragen wird
und dem Mut des Anhaltens
und wer sich das Recht nimmt,
jeden Tag in Stille zu sein,
dem wird sich das Leben offenbaren.

Dann werdet ihr erkennen,
dass ihr nie gelebt habt.
Dass euch niemals ein Frühlingswind geküsst hat.
Denn jetzt versteht ihr wirklich,
was Leben und Geist und Herz bedeuten.

Denn ihr seid es selbst.

DURCH AKTIONISMUS VOR DEM WAHREN LEBEN FLIEHEN

Was ist der Motor, was treibt mich, einen Weg wie den des Zen zu beschreiten?

Es sind zwei Dinge. Das eine ist die Sehnsucht. Manche meiner Schüler vergleichen das Gefühl auch mit dem »tiefen Wunsch, endlich zu Hause zu sein«.

Nun habe ich diese tiefe Sehnsucht. Und da sagt einer »Lies doch dieses Buch über die Religion« oder »Glaub dies«. Aber das befriedigt mich nicht, weil ich intelligent bin, weil ich etwas spüre und nicht etwas an einem Dogma festmachen möchte. Also gehen die Sehnsucht und die Suche weiter. Ich schaue mich in der Welt um. Ich sehe nichts, was dieser Sehnsucht entspricht. Das ist ein Zugang zum Zen.

Gibt es auch einen Zugang über das Leid, den Schmerz? Also, mir geht es nicht gut, ich habe Liebeskummer, bin gefrustet, habe keinen Erfolg im Leben, finde keine Anerkennung, keine Freude – und suche einen Ausweg?

Dieser andere Aspekt ist, dass ich leide. Ich spüre etwas, das der Buddha so beschrieben hat: Von dem getrennt zu sein, was man liebt, und mit dem verbunden zu sein, was man nicht liebt, das ist Leiden.

Aus dieser Warte heraus, aus diesem Leiden heraus,

ergibt sich ebenfalls eine große Motivation für viele Menschen, den Zen-Weg zu betreten. Sie merken in einer tiefen Krise oder einer großen, wunderschönen Sehnsucht, dass Worte da einfach nicht mehr helfen. Mir helfen keine Bücher, keine Wundertröpfchen und auch keine Wellness-Esoterik. Die Menschen spüren, sie brauchen etwas Existenzielles, etwas, das über die oberflächliche Erfahrung oder Das-verstehe-ich-Wissen hinausgeht. Sie suchen etwas Großes und Tiefes – sie suchen sich selbst.

Leiden, Krise, Erschütterung, unbegründete Traurigkeit und lang währende schlechte Stimmung können Auslöser sein, sich auf einen Weg zu machen.

Aber wie weiß ich, ob es diese Sehnsucht ist, die ich auch in mir verspüre?

Die Sehnsucht hat viele Gesichter. Das häufigste Gesicht der Sehnsucht in der heutigen Zeit ist die Melancholie. Der Mensch ist schlecht drauf, fühlt sich traurig oder sogar depressiv.

Aber wenn man genau schaut, dann ist dieses »Schlecht-drauf-Sein«, dieses Dunkle, was sie fühlen, gleichzeitig das Spüren in ihrem Leben, dass in ihnen auch Helligkeit ist. Diese Melancholie – oder bei vielen Menschen auch teilweise eine Depression – ist das ungute Gefühl, immer weiter von dem wegzudriften, wonach sich die Menschen sehnen. Dass ich mich von etwas Hellem, was ich gleichzeitig nicht richtig fassen kann, mehr und mehr entferne.

Die Folge: Ich werde mir fremder, die Dinge werden mir fremder. Ich werde immer trauriger über etwas, was ich zunehmend verliere, ohne eigentlich zu wissen, was ich verliere oder wovon ich mich entferne.

Ist das bei vielen Menschen so?

Ja, aber andere lassen dieses Gefühl nicht mal ansatzweise zu: kraftvoller Aktionismus, egal, was und wofür, immer in Bewegung bleiben, dann spüre ich mich nicht. Alles ist nach außen gerichtet, und solange außen alles richtig bleibt, wird weiter beschleunigt. Leben als Party, die Welt als unermüdliches Arbeitsfeld.

Eigentlich ist doch nichts gegen Party, Spaß und Lachen zu sagen? Ist doch klasse, wenn ich mit anderen Menschen zusammen Sachen mache, die uns allen Freude bereiten.

Nichts gegen Party und noch weniger gegen gutes kraftvolles Arbeiten, dienend, erfüllend, aber nicht als Flucht. Das ist der Unterschied.

Es gibt zwei Grundzustände des Leids in der heutigen Zeit, die auf den Zen-Weg weisen: Da ist zum einen so eine gedrückte Stimmung, eine Art Melancholie und auch ein Gefühl der Entfremdung. Zum anderen gibt es die Überforderung, die besteht, obwohl äußerlich alles okay scheint und der Mensch erfolgreich ist; die chaotische Mannigfaltigkeit der Welt, die Anforderungen, die an mich gestellt werden, ja, wo ich einfach spüre, das alles hat nichts mehr mit mir zu tun. Überforderung kann auch ein Gesicht der Sehnsucht sein.

Das sind die zwei Gesichter der Sehnsucht nach Freiheit.

Ist auch Traurigkeit ein Ausdruck dieser Sehnsucht?

Traurigkeit ist die Steigerung dieser Sehnsucht. Die Abwesenheit dieses tiefen inneren Glücks, dieses tiefen inneren Zustands. Glück ist ein sehr oberflächliches Wort. Glücklich kann ich auch sein, wenn ich Popcorn esse. Ich wähle lieber Worte wie Liebe, Mitgefühl oder Freude. Die sind etwas genauer.

Traurigkeit entsteht durch die Abwesenheit von Liebe, und dazwischen liegt die Sehnsucht. Diese Sehnsucht kann aber auch das Gesicht haben von einer erreichten Freude, die hier und da mal aufkommt. Und man fragt sich, warum freust du dich gerade? Warum lächelst du? Ja, weiß ich gar nicht. Aber da spüre ich etwas in mir – und da möchte ich wieder hin.

»Das wahre Wunder ist nicht,
in der Luft zu fliegen
oder über das Wasser zu gehen.
Das wahre Wunder besteht darin,
auf dieser Erde zu gehen.«

Zen-Meister Rinzai

Muss ich Abitur haben, um Zen zu praktizieren? Kann ich auch als Otto Normalfrau den Zen-Weg gehen?

Also, Zen ist für den Menschen, »Otto Normal« hin oder her. Wir sind alle Menschen. Wenn ich auf dieser Welt bin und einen Hauch von Sehnsucht in mir spüre, dann ist da ein Weg.

Wenn ich aber der Meinung bin, dass ich genau weiß, wie die Welt funktioniert, wenn ich glaube, dass X und Y so und so sind, wenn ich mich für cool halte, weil ich alles besser kann und weiß, dann ist Zen nichts für mich.

Offenheit ist die Voraussetzung. Offenheit und Sehnsucht. Die Sehnsucht nach Harmonie, Geborgenheit, dem Nachhausekommen, oder einfach die Sehnsucht, aus dem Chaos in die Mitte zu finden.

Also, jetzt habe ich diese Sehnsucht, fühle das Chaos irgendwo und weiß nicht so recht, was ich noch machen soll. Und dann besuche ich ein Zen-Seminar …

Ja.

Und wenn ich erst einmal nur einfach mit dem Meditieren anfangen will, es mal ausprobieren will?

Nun, dann gehst du zu jemandem hin und fühlst dich wohl – oder nicht.

Seit wann meditierst du?

Seit 1977.

Und wie hast du dich durch die Meditation, durch Zen verändert?

Ich bin nicht mehr so durchgeknallt wie früher …

… *??!!??* …

… nein, das ist ein bisschen übertrieben. Ich hatte keine leichte Kindheit. Ich war anders, spürte viele Dinge, die es eigentlich gar nicht gab, von denen ich aber überzeugt war, dass sie eine Wirklichkeit haben, so zum Beispiel die »Große Natur«. Da war ein Erspüren, das über meine Person hinausging. Es ist für ein Kind nicht leicht, so etwas zu spüren. Und diese Dinge führten dann auch bei mir dazu, dass ich eine Haltung entwickelte, die meine Familie, meine Umgebung als durchaus anstrengend oder nicht passend, als gegen die Gesellschaft gerichtet empfunden hat, zum Beispiel in der Schule.

Es gab unheilsame Linien und unheilsame Grenzen in meinem Leben. Und das Große war, dass ich es zumindest erkannt habe. Gleichzeitig hatte ich aber das Gefühl, dass ich gar keine Chance hatte, etwas dagegen zu tun. So war das damals. Da waren Gefühle wie sehr tiefe Sehnsucht, Ablehnung des Alltäglichen und viel chaotischer Kämpfergeist. Aber auch eine Linie, ein heller Weg. Wenn ich die Augen zumachte, war es hell, wenn ich etwas Unheilsamem folgte, wurde es dunkler. Manchmal musste ich als Kind oder Jugendlicher einem Weg folgen, für den es damals keine gesellschaftlichen Straßen gab. Das war nicht leicht.

Im Zweifel folgte ich aber meinem »großen Gefühl«, ohne zu wissen, was das war. Das gab natürlich einen Haufen Ärger, besonders wenn man erst dreizehn ist und fühlt: Lehrer, du liegst falsch, aber ich weiß nicht, warum. Ich spürte Gier, Hass und Verblendung in den Erwachsenen und war gleichzeitig diesen Gefühlen wie starkem Verlangen und verwirrender Gier selbst ausgeliefert.

All diese Dinge, all diese großen Gefühle, in einer ganz speziellen Mischung, ergeben dann eine bestimmte Persönlichkeitsstruktur, von der man sagt, wenn ein Mensch diesen Weg so weitergeht, dann ist das weder für ihn noch für andere gut. Heute wie damals.

Damit ich die Dinge richtig verstehe: Was verstehst du unter Gier?

Wenn ich etwas verlange und ich durch das Verlangen blind werde.

Liebe ist oft auch eine Art von Verlangen, es heißt sogar »Liebe macht blind«, also blindes Verlangen, Sehnen. Ist Liebe auch eine Form von diesem Verlangen und damit Gier?

Das trifft sicherlich sehr oft zu und ist dann auch der Grund, warum es so viel Leid gibt im Zusammenhang mit der Liebe – oder noch schlimmer, im Namen der Liebe.

Die Liebe jedoch, die ich hier meine, ist die »wahre Liebe«, eine Liebe also, die nichts mehr zu tun hat mit Verlangen und damit auch nicht mit Gier. Aber dennoch kann diese Liebe auch Schmerz erzeugen, das ist dann Mitgefühl.

Aber was ist mit der Liebe zwischen Mann und Frau, Paaren, Freunden …?

Diese Art von Liebe enthält vieles von der »wahren Liebe«. Sie ist im Idealfall geprägt von – sagen wir mal – Glückseligkeit, und diese Glückseligkeit entsteht, wenn sich das Innere mit dem Äußeren verbindet, zum Beispiel durch die Verbindung von vertrauter Nähe in intensiver Sexualität.

Was bedeutet Hass für dich? Ist das der Gegensatz zur Liebe?

Nein, auf gar keinen Fall! Es gibt keinen Gegensatz zur Liebe. Liebe ist – ohne jegliche Begrenzung. Häufig entsteht Hass dadurch, dass ich das, was ich verlange, nicht bekomme, oder durch ideologische und religiöse Dogmen.

Wo Liebe ist, da ist auch Hass – so sagt man. Gehören Liebe und Hass zusammen?

Nein, niemals. Dieser Satz ist sinnfrei. Wer das sagt, verwechselt etwas. Wo Gier ist, da ist auch Hass. Gier, die nicht erfüllt wird, wird zu Hass. Aber Liebe und Gier sind zwei völlig verschiedene Dinge. Darin liegt eine Tragik der heutigen Zeit.

Verblendung?

Das ist die Illusion. Verblendung ist mein Glaube, dass die Dinge so sind, wie ich sie sehe. Dass ich sie so annehme, wie man sie mir in der Schule erklärt hat.

Werde ich ein glücklicher Mensch, wenn ich Zen praktiziere?

Kann ich mit Veränderungen rechnen? Gibst du mir eine – sagen wir mal – Glücks- oder Zufriedenheitsgarantie?

Nein, das kann ich nicht, weil es von dem jeweiligen Menschen selber abhängt. Ich gehe ja nicht den Weg für diesen Menschen. Sondern ich begleite Menschen, die eine starke Sehnsucht haben, oder jemanden, der leidet, einen anderen, der keine große Kraft hat, oder einen Menschen, der sagt, ich möchte diese starke Person sein, die ich eigentlich auch bin, oder wieder jemand anderen, der neugierig ist auf das große Leben. Also, es gibt ganz verschiedene Voraussetzungen.

Und dann?

Wenn die individuelle Motivation sehr stark ist, dann kann ich sagen, dass es einen alten Weg gibt, der seit

2500 Jahren existiert. Der von Meister zu Meister, von Meisterin zu Meisterin auch immer weiter entwickelt wird. Und wenn du diesen Weg gehst, dann ist die Wahrscheinlichkeit hoch, dass sehr viel von dem, was du spürst, sich öffnet, und viel Unheilsames von dir abfällt.

Hast du das selber auch so erlebt?

Das war für mich persönlich auch eine große Erfahrung, nach zehn Jahren Meditation, als ich merkte, es gibt einen Wendepunkt. Ich habe erkannt, dass ich unheilsam handele. Ich habe erkannt, dass ich in bestimmten Situationen zu aggressiv war und in anderen zu gierig. Aber ich habe auch erkannt, dass es immer dieses Unheilsame, diese Spitze war, die durch die Meditation abgefeilt wurde. Im Kern ist mein Charakter gleich geblieben, aber das für mich Unheilsame nimmt ab.

In gleichem Maß nimmt natürlich das Heilsame zu. Und es gibt nichts Schöneres, als in Harmonie, im heilsamen Fluss sozusagen, zu leben. Das nennt man in Japan Dai Chowa, »die große Harmonie«.

Zehn Jahre bis zu dieser Erkenntnis – dauert es immer so lange?

Na ja, man muss sagen, dass ich die ersten zehn Jahre eigentlich ohne Lehrer meditiert habe. 1977 brachte mir in Kiel ein Zen-Praktizierender die Art und Weise bei, wie im Zen meditiert wird, das Zazen also. So habe ich dann geübt und zur gleichen Zeit auch Yoga praktiziert –

ungefähr sechs Jahre lang. Dann gab ich Yoga auf und konzentrierte mich nur auf Zen. Mitte der 80er brachten mich Begegnungen mit großen Zen-Meistern wie Graf Dürckheim, Shomani Roshi und Pater Lassalle dazu, Zen von Grund auf zu lernen, auch in Japan. Es gab dann mehrere Lehrer, aber erst 1989 traf ich auf meinen jetzigen Lehrer, bei dem ich fünf Jahre später Schüler wurde.

Und der bin ich bis heute. Reiko Mukai Osho ist nur 18 Jahre älter als ich. Er begann 1969 mit der Übung des Zen-Wegs, damals unter seinem Meister Oi Sadan Roshi. Heute ist er selber Osho und Zen-Meister im Syokoji, einem Zen-Tempel. 1994 entstand in unserer gemeinsamen Arbeit die Idee eines westlichen Zen-Weges, die 1998 zur Gründung des Daishin-Zen führte. Reiko Roshi ist ein authentischer Zen-Meister, der seine Aufgabe darin sieht, die alte Tradition des Rinzai-Zen mit dem modernen Geist unserer Welt zu verbinden, genauso wie ich es als sein Schüler hier in Europa versuche.

Durch die relativ lange Zeit ohne einen festen Lehrer hat es natürlich sehr viel länger – etwa zehn bis zwanzig Jahre – gedauert, bis ich das Gefühl hatte, mein Leben hat sich wirklich auf eine wunderbare Art und Weise verändert. Und das größte und häufigste Gefühl ist heute in mir die Dankbarkeit gegenüber diesem Weg und auch gegenüber meinem Lehrer Reiko Mukai Osho.

Ein junger Mann suchte eines Tages
den alten, ehrwürdigen Zen-Meister Ryonen auf
und fragte ihn:
»Zenji, wie lange wird es dauern,
bis ich ein Buddha sein werde?«

»Vielleicht zehn Jahre«,
entgegnete Myozen Ryonen.

Und wie lange dauert es,
wenn ich mich besonders anstrenge, jeden Tag?«,
fragte der junge Mann.

»In diesem Fall kann es zwanzig Jahre dauern«,
erwiderte Meister Ryonen.

»Ich will so schnell wie möglich ans Ziel gelangen
und bin bereit, wirklich jede Härte auf mich zu
nehmen, ich werde auch ins Kloster gehen«,
versicherte der Mann.

»Dann wird es wohl bis zu vierzig Jahren dauern«,
erwiderte der Meister.

Zen-Geschichte

Zig Jahre! Wer wartet schon so lange auf den Erfolg seiner Bemühungen?

Erstens ist es natürlich wichtig, welchen Maßstab man für sich selber hat. Als ich mit Zen anfing, war mein Maßstab der höchste Maßstab.

Zweitens hatte ich eine lange Zeit keinen richtigen Lehrer oder Meister, und das ist letztlich nicht zu empfehlen. Ab 1988 war Rei Shin Bigan Roshi mein Lehrer, und seit 1994 habe ich meinen jetzigen Lehrer Reiko Mukai Osho. Erst nachdem ich ihn, meinen richtigen Lehrer, gefunden hatte, und das ist noch nicht so lange her, gab es eine große Beschleunigung auf dem Weg. Seitdem erkenne ich auch die Systematik. Er konnte mir das eröffnen.

Trotzdem sind zwanzig Jahre eine lange Zeit …

Tja, alles ist relativ.

JEDER GEHT SEINEN EIGENEN WEG

Wie gehe ich, beginne ich den Zen-Weg richtig?

Ich glaube, wenn heute jemand auf ein Zen-Seminar fährt, das vier, fünf Tage dauert oder sogar eine Woche, dann kriegt er einen klitzekleinen Geschmack von dem, worüber wir hier sprechen. Diese Ahnung ist aber ganz schnell wieder weg. Wenn er diesen Weg, den er auf dem Seminar begonnen hat, täglich weitergeht, dann wird er schon nach drei Monaten feststellen: Hallo, da ist ja was, irgendeine Veränderung in seinem Innersten, ohne das sich sein Leben im Außen dramatisch verändert hat. Und dann entsteht aus diesem Weg in einer Zeit von ein bis drei Jahren schon eine solche Veränderung, dass er sagt: »Ich bin sehr glücklich auf diesem Weg zu sein.«

Gibt es Unterschiede innerhalb von Zen? Machst du etwas anders?

Also, ich gucke eigentlich nur, welcher Weg für den Menschen hier im Westen am besten funktioniert, und daraus ist zum Beispiel auch Daishin-Zen entstanden, die Brücke zwischen östlicher Weisheit und westlichem Geist. Der kurze, kraftvolle, befreiende Weg. Zen muss für uns Europäer klar, einfach und direkt sein, eine gehbare Essenz des Rinzai-Zen, erweitert um die besondere Betonung der Aspekte Herz, Freude und Güte.

»Was der Mensch in seiner Sehnsucht
nach dem großen Einklang eigentlich sucht,
ist ihm am Anfang verborgen.
Er fühlt nur die Unruhe, das Ungenügen und
die Gestörtheit im Grunde und sehnt sich nach
Frieden, Erfüllung und dauerndem Glück.
Aber wovon dieses alles abhängig ist,
welcher Weg dorthin führt –
das weiß er zunächst nicht.
Wem soll er sich anvertrauen?«

Karlfried Graf Dürckheim

Das frage ich dich auch: Wem soll, kann sich der Zen-Interessierte anvertrauen?

In erster Linie muss er sich seinem eigenen Herzen anvertrauen. Das ist ganz wichtig. Also als Beispiel: Wenn ich einen Lehrer treffe, muss ich schauen, ob dieser Lehrer zu mir passt.

Das ist natürlich in unserer Wellness-Esoterik-Zeit, wo wir zugekippt werden mit Menschen, die wirklich keine seriöse Ausbildung haben, nicht unbedingt einfach. Die Gefahr besteht darin, dass die Lehrer, die den bequemsten und kuscheligsten Weg gehen und uns am meisten Honig um den Bart pinseln, auf den ersten Blick die sind, zu denen es uns hinzieht.

Ist es sinnvoll, erst mal über Zen zu lesen?

Es ist sicher gut, wenn jemand sich zunächst mit den Dingen beschäftigt, auch theoretisch, indem er Bücher liest. Und da gibt es einfach eine Faustregel: Lies ältere Autoren, die über Zen schreiben. Jemand wie Taisen Deshimaru Roshi, Shunryu Suzuki, Daisetz Taitaro Suzuki, Katsuki Sekida, Shomani Roshi oder auch Pater Hugo M. Enomiya-Lassalle. Also die Alten eben.

In den 70er Jahren, da gab es solch einen verrückten Kram wie heute noch nicht, diese Esoterik-Bauchläden, wo jeder Zen draufschreibt. In den 80ern schon eher, aber für die Zeit ist die Spreu vom Weizen noch leicht zu trennen. Doch seit Mitte der 90er hat sich der »Ich-schreibe-auch-über-den-Zen-Trend« durchgesetzt. Vorsicht!

Die älteren Autoren öffnen an vielen Stellen die Zen-Sprache, sie schreiben von Herz zu Herz, wie Sokei-an in seinem Buch »Der sechste Patriarch kommt nach Manhattan«. Dann folgten die Bücher, die versuchten zum Beispiel Sutren für uns heute zu übersetzen – die sind auch sehr wichtig. Und erst dann kommen die Bücher, in denen Eso-Onkels und -Tanten beschreiben, was sie meinen, was Zen sei. Und die sind dann eher Hindernisse auf dem Weg.

Und wo finde ich nun echte Hilfen, brauchbare Anregungen?

In diesen älteren Büchern. Mal reinschauen – das ist ein Anfang – und dabei auf sein Gefühl achten. Ist es der

Yoga-Weg, ist es der Zen-Weg? Was für Meister gibt es, was spricht mich denn da an? Und bei moderneren Lehrern muss man sich einfach mal das Visuelle angucken. Es gibt ja Videos oder auch viele Informationen im Internet – irgendetwas findet man schon. Und dabei einfach ein Gefühl entwickeln. Wenn man ein wenig geguckt und gelesen hat, dann ist es das Beste überhaupt, auch mal hinzugehen, sich einzulassen, es selber auszuprobieren. Dabei sollte man aber am Anfang kritisch bleiben. Ein guter Zen-Meister ist für seinen Schüler ein Sensei, eine Art »Professor mit Herz«, der seine Schüler das ganze Leben begleitet. Das ist das rechte Verhältnis.

Ein Zen-Schüler fragt Meister Eisai:
»Bitte sag mir, wo beginnt der Zen-Weg?«

Meister Eisai fragt zurück:
»Siehst du den Weizen, der sich im Winde wiegt?«

»Ja«, sagt der Schüler.

»Das ist der Beginn!«, antwortet der Zen-Meister.

Zen-Geschichte

Visualisieren, sich positive Gedanken machen – das sind beliebte Methoden, Techniken, um sein »Schicksal zu verbessern«, um glücklich zu werden. Es gibt jede Menge Bücher darüber. Kann Zen da eigentlich mithalten?

Also, Zen möchte da gar nicht mithalten. Wir wollen ja den Gedankenwahnsinn und den Bildermüll, das Zappen alle drei Minuten über den Bildschirm nicht noch weiter verstärken mit irgendwelchen Ego-Bildern. Der Krampf von positivem Denken ist auch so eine Sache. Was die positive Veränderung ausmacht, wenn es denn überhaupt eine gibt, ist nicht das Denken an sich. Es sind die Erfahrungen und die tiefen Überzeugungen im Unterbewusstsein, die ihre Wirkung entfalten. Ich muss einen positiven Inhalt fühlen, ihn leben, dann erst verändert sich das Leben. Denken alleine reicht da bei weitem nicht aus. Es ist eine andere Ebene, von der ich hier spreche.

Deshalb wollen wir gerade im Zen dem Denken nicht weitere Gedanken hinzufügen. Wir wollen leer werden. Erst wenn der Geist still wird, wird die Welt wahr.

Auch ein schöner Zen-Spruch. Davon gibt es viele, sie sind sehr beliebt – aber leider verstehe ich sie nur selten. Dieser zum Beispiel: »Wirf deine Sorgen wie Herbstblätter in den strömenden Bach. Sieh zu, wie sie hineinfallen und davontreiben, und dann vergiss sie.« Da sage ich doch, klasse, aber wie mache ich denn das?

Na ja, das ist kein Zen-Spruch, das ist so ein chinesischer Asia-Restaurant-Spruch. Das ist lieb gemeint, nett, und es gibt Übungen, die auch in diese Richtung gehen, aber am Ende des Tages hat es uns im Wesen nicht wirklich verändert. Es geht ja nicht wirklich darum, die Sorgen wegzuwerfen, sondern es geht darum, mein Bewusstsein so zu verändern, dass ich kein unheilsames Karma mehr erzeuge, dass ich also keine Situationen mehr erzeuge, die mir Sorgen bereiten.

Was ist Karma?

»Karma« heißt übersetzt »Wirken«, »Tat«. Mit Karma wird im Buddhismus ein Konzept bezeichnet, nach dem jede Handlung – ob physisch oder geistig – unweigerlich eine Folge hat, positiv wie negativ. Platt ausgedrückt: Haue ich dir jetzt eine runter, dann werde ich irgendwann später dafür auch mal einen auf die Mütze bekommen, in welcher Form auch immer.

Okay, ich kann dir noch eine andere Weisheit sagen, und zwar: »Erkenne, wer du selber bist, dann erkennst du, dass das Hauptwetter in dir Sonne ist«. Das ist von dir. Auch Wellness-Esoterik?

Na ja, klingt schon ein bisschen so, aber die Essenz des Menschen ist eine große, wunderbare, liebevolle Sonne in uns selbst. Das hört sich ein wenig pathetisch an. Man könnte auch sagen, sie ist reiner Geist. Ich könnte auch sagen »heiliger Geist«. Ich könnte unendlich viele Worte aus verschiedenen Kulturen benutzen. Aber jedes Wort würde das Wesentliche verfehlen.

Nehmen wir all dies mal weg, es erzeugt nämlich nur Vorstellungen. Unabhängig davon können wir sagen, die Essenz von unserem Leben ist etwas ganz Wunderbares.

Das klingt geheimnisvoll.

Das ist ein großes Geheimnis. Das Geheimnis beginnt schon damit, dass wir geboren werden. Und das Leben ist eigentlich nicht dazu da, hirntote Dinge zu tun, Fernsehen zu gucken, sich vollzufressen und sonst irgendetwas dieser Art zu machen und rumzustreiten. Sondern das Leben ist die Aufforderung, die großen Rätsel zu lösen.

Die Frage aber ist und bleibt: Wer bin ich? Was ist dieses Wunderbare in mir? Was ist denn das? Und dann darf man im Zen durchaus auch kritische Fragen stellen: Warum geht es mir so? Was tue ich gerade? Bin ich bei mir? So darf ich auch mitten im Alltag denken: Mir geht es total schlecht. Oder: Jetzt spüre ich etwas Wahrhaftiges, jetzt halte ich an. Was ist Wirklichkeit, was ist wahrhaftig? Wer bin ich als wahrer Mensch ohne Rang, Namen und Geschichte? Und immer wieder: Wer bin ich? Das sind wahre Zen-Fragen.

»Meditatives Bewusstsein mindert Spannungen
und heilt den Körper.
Meditation beruhigt den Geist
und öffnet auf behutsame Weise das Herz.

Sie festigt die Spiritualität.
Sie hilft uns zu lernen,
wie wir erfüllter
in der gegenwärtigen Realität leben
und unsere Mitmenschen
und die Welt besser verstehen.

Wenn wir Achtsamkeit üben,
werden wir gegenwärtiger.

Auf diese Weise kann die Meditation uns helfen,
unsere tiefsten Wünsche zu erfüllen,
unsere innere Freiheit
und unser Glück zu entdecken
und ein Gefühl für die Einheit
des Lebens zu bekommen.

Durch sie sind wir in der Lage,
besser zu verstehen,
wer wir eigentlich sind,
und dieses seltsame Leben,
in das wir hineingeboren wurden,
mit mehr Weisheit zu leben.«

Jack Kornfield

DAS LEBEN IST IN JEDEM MOMENT WANDELBAR

Hat der Mensch Einfluss auf das, was ihm passiert, ob gut oder schlecht, liegt es an oder in ihm selber?

Vorsicht! Aus so einer Art Meinung kann man relativ schnell ableiten, dass jeder an dem Kram schuld ist, der ihm zustößt. Da ist eine gefährliche Energie drin. Das stimmt so nicht, besonders wenn man dabei mit dem Finger auf jemand anderen zeigt. Denn man muss wissen, im Zen sind ich und Welt eine Einheit, und ich erzeuge mir meine Welt. Der Finger zeigt also immer auf mich, immer! Das heißt, die Welt, die mich umgibt, ist mein eigenes Geschichtsbuch. Und die Dinge, die passieren, sind erst mal eine Summe von unendlich vielen Verstrickungen. Und die haben eine große Macht.

Das klingt nicht wirklich gut.

Das Gute aber ist – so sagt es der Buddha –, dass man immer genau im Jetzt, im Jetzt-Raum einen Return, einen Wendepunkt machen kann. Wir können also jederzeit anhalten, um einen neuen Weg zu gehen. Das ist ganz entscheidend. Man kann nicht mit Absolutheit sagen, dass der Mensch geboren und verantwortlich für die Welt ist, so wie sie ihn umgibt. Aber er kann Entscheidungen treffen, die alten unheilsamen Wege auflösen und einen neuen, heilsamen Weg öffnen – jetzt in diesem Moment. Nicht morgen – niemals, sondern jetzt.

Auch das Bedauern, dass ich es gestern nicht geschafft habe, bringt mich nicht weiter, sondern nur das Tun jetzt. Jetzt die Entscheidung, jetzt in die Zen-Übung gehen. Jetzt dem Leben entgegengehen. Das ist die Freiheit, die jeder Mensch hat.

Du sagst, jeder Mensch kann zu jeder Zeit seines Lebens einen Punkt setzen, an dem er dann etwas verändert. Kannst du das mal konkret machen – vielleicht an einem persönlichen Beispiel?

Ja, es gibt ein schönes Beispiel. Damals saß ich mit meinem früheren Lehrer Rei Shin Bigan Roshi in der Meditation in einem Sesshin, in einem Zen-Seminar also, das über mehrere Tage ging. Und es gab einen Moment des wunderschönen Glücks. Das war wirklich schön, und ich saß da. Dann rannte ich über den Hof, und der Lehrer kam mir entgegen. Ich erzählte ihm, was ich erlebt hatte. Nun, er kennt natürlich viele solcher Geschichten. Er guckte mich nur an und sagte zu mir: »Lebe es. Jetzt!« Und das war dann noch mal ein Kick dazu.

Was war denn der zusätzliche Kick?

Ich will damit sagen, mir wurde schlagartig klar, dass der Augenblick die einzige Wirklichkeit ist, die es gibt. Es gibt keine Vergangenheit, in der ich etwas verändern kann, und es gibt keine Zukunft, in der ich etwas ändern kann. Es gibt nur diesen Moment, und in diesem Moment determiniert, also bestimmt sich alles immer wieder neu. Man kommt in ein Zimmer mit lauter Legosteinen. Bestimmte Teile fehlen, bestimmte Teile sind da. Und in diesem Jetzt mache ich etwas. Das Jetzt ist in jedem Moment, dieses Jetzt ist in jedem Augenblick, dieses Jetzt steht immer zur Verfügung. Und ich kann in jeder Sekunde, in jeder Situation etwas Neues erschaffen. Auch in dramatischen Situationen. Das bedeutet nicht unbedingt, dass ich es ändern kann, wenn ich dem Tode geweiht bin. Aber ich kann trotzdem in diesem Moment etwas öffnen, das vielleicht sogar mehr ist als das ganze Leben vorher.

Ist das ein Ergebnis unseres freien Willens?

Ja, wir haben diese außergewöhnliche Freiheit. Diese Freiheit hat jeder Mensch. Auch jemand, der sich vielleicht aufgegeben hat, der sich sagt: Ich wiege jetzt 125 Kilo, und ich habe keine Arbeit. Ich fühle mich irgendwie nicht in der Lage, in diesen Wettbewerb des Lebens einzutreten. Ich habe Ängste. Oder vielleicht spürt er gar nicht, dass Ängste da sind, aber sie sind da. Er macht einen auf megacool, verbunden mit wirbelndem Aktionismus in völliger Blindheit. Also eine ganz üble, verfahrene Situation, wo vielleicht sogar noch Alkohol ins Spiel kommt. Auch in einem solchen Moment kann ich in dieses Jetzt gehen.

Wie geht das?

Nun, kennst du Meister Ikkyu?

Ja, Meister Ikkyu ist sehr populär in Japan, weil er so exzentrisch war als Zen-Meister. Er besuchte Bordelle und trank gerne Alkohol – war also alles andere als ein »ehrwürdiger *Meister«, so wie jedermann ihn sich zunächst vorstellt.*

Ja, so ungefähr, und trotzdem war er ein Meister.

Eines Tages kam eine Frau zu Meister Ikkyu
und fragte:
»Meister, was ist die höchste Weisheit?«

Ikkyu legte seine Flöte beiseite, nahm einen Pinsel
und schrieb auf Papier:
»Achtsamkeit.«

»Und was noch?«, fragte die Frau.

Da schrieb der Meister:
»Achtsamkeit. Achtsamkeit.«

»Nun«, sagte die Frau, »das kann es wohl nicht
sein, was also ist die höchste Weisheit?«

Da schrieb Ikkyu:
»Achtsamkeit. Achtsamkeit. Achtsamkeit.«

Da wollte sie wissen:
»Was ist das, Achtsamkeit?«

Freundlich erwiderte der Wandermönch:
»Achtsamkeit bedeutet Achtsamkeit.«

Zen-Geschichte

Achtsamkeit ist also der Schlüssel, um das Leben zu verändern?

Es bedeutet einfach, durch Achtsamkeit, wie Meister Ikkyu gesagt hat, gegenwärtig zu sein. Indem ich das anhalte, was mich am »Jetzt-Sein« hindert, bin ich im Jetzt, lebe ich. An erster Stelle betrifft dies das Denken – als das Leichteste, was zu durchbrechen ist. Sobald man da durch ist, kommen die Gefühle.

Um deine Frage konkret zu beantworten: Ja, im Jetzt, im Moment bin ich dadurch, dass ich anhalte – zum Beispiel durch Zen-Meditation! Durch die Zen-Übung, durch das Stehenbleiben lerne ich, mich und die Situation auszuhalten. Und dadurch entsteht – wieder durch Zen – eine neue Kraft. Diese Kraft nutze ich, um weiter auszuhalten, zu üben, zu durchbrechen, bis immer mehr Kraft entsteht und so weiter. Das mache ich so lange, bis mich reine Lebenskraft durchflutet, ich voller Lebensfreude bin und mich wie Phönix aus der Asche erhebe.

Habe ich das richtig verstanden? Das Denken ist am leichtesten zu durchbrechen?

Aber hallo, ja. Gefühle sind sehr schwer zu durchbrechen, genauer gesagt, aufzulösen. Das ist richtig schwer. Aber es gibt etwas noch Schwereres – das ist der Körper. Die Skandhas – das sind im Buddhismus die fünf Bereiche der Anhaftung, aus denen wir entstanden sind und aus denen unser Ego sich immer wieder zusammensetzt – umfassen in erster Linie das Denken. Das Denken des Konstrukteurs, des Architekten aller Illusion und aller Trennung vom Jetzt.

Mmmmm? Ehrlich gesagt, das verstehe ich nicht! Sind die fünf Skandhas das Denken oder was?

Die fünf Skandhas umfassen alle Seiten oder Aspekte, die eine Person ausmachen. Letztlich mündet alles ins Denken, denn es ist der Verstand, das Denken, das aus diesen verschiedenen Aspekten oder Seiten eine Person zusammensetzt. Und so entsteht ein Bild, eine Person, die mit dem wahren Menschen nichts zu tun hat. Die Aufgabe besteht nun darin, zu erkennen, dass es fast immer die gleichen Dingen sind, aus denen der Verstand uns zusammensetzt. Wir müssen lernen, zu erkennen, dass wir sehr viel reicher sind, viel mehr Möglichkeiten haben, als das Denken in seiner Gewohnheit und Erziehung uns glauben machen will. Dann erst sind wir frei und können selbstbestimmt leben.

Und diese Gewohnheit, dieses Denken, gilt es zu durchbrechen? Wie und wo kann ich denn lernen, meine Gedanken, das Gedankenkarussell zu unterbrechen?

Dieses Denken zu durchbrechen kann man an einem Wochenende lernen. Ein guter Zen-Lehrer bringt einem Schüler in einem Sesshin bei, wie man das macht.

Kann ich das auch selber zu Hause aus Büchern lernen?

Nein.

Mit Hilfe einer DVD oder eines Videos?

Auch nicht wirklich. Alles, was du da mitbekommst, sind Eindrücke, vage Vorstellungen. Eine gute DVD verstärkt die Sehnsucht und gibt eine Idee der Übung. Die Gefahr ist, dass man glaubt, es verstanden zu haben, jetzt etwas zu wissen. Aber nur das Selbertun führt zu Erfahrungen, führt zu einer Ahnung davon, was Meditation bewirken kann.

Und letztlich braucht der Zen-Weg immer die persönliche Initiation durch den Meister, die Weitergabe von Herz zu Herz.

Warum ist es so viel schwieriger, mit seinen Gefühlen umzugehen, sie »still« werden zu lassen?

Nehmen wir mal das Beispiel von eben: Dieser dicke Mensch hat große Angst. Diese Angst ist zwar nicht immer für ihn spürbar, aber sie transformiert sich in eine grenzenlose Gier, und diese Gier äußert sich in einer Lebens-Ess-Gier, und die ist unheilsam für ihn. Sie führt zu Alkohol und zu viel Essen, und das wiederum führt zu einer großen Trägheit. Also Angst transformiert sich in Gier, und die Gier transformiert sich in Trägheit.

Was bedeutet Trägheit in diesem Zusammenhang?

Trägheit bedeutet: Ich gebe auf, liefere mich aus. Und dieses Ausgeliefertsein gegenüber Behörden, Bedingtheiten, dem Alltag führt zu Angst. Da ist das Drama. Und wenn ich dann eine Übung mache, kann ich zwar den Raum des Denkens wegnehmen, doch da sind noch immer diese Gefühle. Vielleicht ist an dieser Stelle ein Lehrer sinnvoll, weil ich die Gefühle gar nicht aushalte, die unter dieser Denk- und Bilderwolke liegen, aber der Lehrer mir da weiterhelfen kann.

Und was kann ein Lehrer da tun? Wie kann er helfen?

Wie? Das ist von Mensch zu Mensch verschieden, es gibt unterschiedliche Wege. Der eine Mensch braucht Erdung, Verbindung zum Körper, zum Boden. Ein anderer Herzweisheit, denn hinter der Furcht liegt oft mangelnde Selbstwertschätzung. Wieder anderen empfehle ich zum Beispiel, bevor er oder sie den Zen-Weg betritt, eine Therapie zu machen, weil die Persönlichkeit schwer traumatisiert, verletzt oder gar unvollständig ist. Denn Zen setzt eine relativ stabile und gesunde Persönlichkeit ohne Psychosen voraus.

Also, das klingt etwas kompliziert. Es gibt einerseits offensichtlich vieles beim Meditieren zu beachten, andererseits aber scheint es auch ganz einfach zu sein. Was ist es nun?

Meditation ist einfach, es ist einfach. Es ist kein theoretischer Ansatz. Im Zen macht man eine Übung und dabei eine gefühlsmäßige, körperliche, geistige Erfahrung von Energie. Huch, da ist ja ein Cut, etwas anderes. Auf einmal spüre ich eine Kraft. Langsam oder plötzlich spüre ich etwas. Auf einmal durchschlägt diese Kraft meine Trägheit. Ah, ich spüre auf einmal Kraft.

Dann nenne mir bitte so eine Übung.

Eine Übung? Das ist schwierig. Es gibt 108 Übungen.

Eine reicht.

Ich hab's ja schon gesagt. Es ist nicht gut, solche Übungen aus Büchern zu lernen. Derjenige, der das liest, der versucht, sie zu machen, aber es fehlt die Initiation. Und dann wird die Übung nicht funktionieren, und er wird sagen, das alles taugt nichts. Zen ist ein lebendiger Weg, der unabhängig von schriftlichen Überlieferungen ist. Im Zen gibt es »Ishin Denshin«, die Übertragung von Herz zu Herz vom Meister auf den Schüler.

Was heißt Initiation?

Initiation heißt, dass das Herz des Meisters aufleuchtet und das Herz des Schülers berührt. Das bedeutet, das »Licht« des Meisters öffnet sozusagen das »Licht« in dir. Und wenn der Meister ein guter Meister ist, dann macht er das so, dass der Schüler erkennt, dass er selbst es ist, in dem das Licht leuchtet, und nicht der Meister, sonst wäre der nämlich ein Guru. Guru in dem Sinne, wie wir den Begriff Guru hier bei uns im Westen verstehen: ein Ideal, das die Anhänger anhimmeln und wo auch Abhängigkeiten entstehen. Und solche Gurus kriegen einen Korb im Zen. Das ist das sogenannte Zen-Guru-Verbot.

Überall im Zen?

Überall.

Ein Schüler war für seinen
besonderen Eifer bekannt.
Er meditierte Tag und Nacht
und wollte seine Übungen nicht einmal
zum Essen oder Schlafen unterbrechen.
So wurde er immer dünner und dünner, und auch
die Erschöpfung nahm zu.

Der Meister rief ihn zu sich und riet ihm,
langsamer vorzugehen
und nicht zu viel von sich zu verlangen.
Das aber wollte der Schüler nicht hören.

»Warum hast du es so eilig?«, fragte ihn der Meister.

»Ich strebe nach Erleuchtung«, sagte der Schüler. »Da habe ich keine Zeit zu verlieren.«

»Und woher weißt du, dass die Erleuchtung vor dir läuft, so dass du ihr hinterherlaufen musst?«, fragte ihn der Meister.
»Es könnte doch auch sein, dass sie hinter dir ist und dass du nichts weiter tun musst, als stillzustehen …«

Zen-Geschichte

DIE EIGENE MITTE IM LEBEN FINDEN

Hilft mir Zen, meine eigene Person zu entwickeln, mich besser kennenzulernen?

Ja, wir hatten vorher angedeutet, dass es verschiedene Gründe gibt, Zen zu trainieren, unterschiedliche Ausrichtungen, je nach Entwicklungsstand des Menschen. Aber erst einmal geht es darum, zu erkennen: Wer bin ich eigentlich? Im Zen steht oft eine Frage am Anfang: Ich habe ein Problem, kann Zen mir helfen? Das ist eigentlich die simpelste Art, mit Zen in Kontakt zu kommen. Da ist dann schon wieder die Frage: Wer bin ich?

Und wie erkenne ich, wer ich bin?

Ein Beispiel: Ein Student im Alter von 23 Jahren weiß überhaupt nicht, was er eigentlich will. Das ist aus Sicht eines Zen-Meisters eine großartige Voraussetzung: Hervorragend, du hast ja echt Glück.

Da ist also ein junger Mensch, der sich Fragen stellt wie »Ja, wo will ich denn da hin?«. Und das fühlt sich für ihn oder sie ganz beunruhigend an, weil all die anderen, die Eltern zum Beispiel, sagen: »Kind, du musst doch was werden, nun studier' mal was Vernünftiges.« Und er sagt: »Was? Ich weiß nicht so recht, warum.« Kurz, er oder sie fühlt sich irgendwie gar nicht wohl in seiner oder ihrer Haut. Das ist aber genau dieses Unbekannte, das in Wirklichkeit Freiheit bedeutet. Und in dieser Freiheit kann dann das eigentliche Wesen auftauchen. Wenn aber jemand zugeknallt ist und ganz fest an irgendein Dogma glaubt, dann ist es sehr, sehr schwer für sein Selbst, für seinen Kern, sich zu entwickeln. Und so entstehen unheilsame Gefühle.

Und Zen schafft den Zugang zu diesem Selbst?

Ja. Es geht erst mal darum, seine Mitte im Leben zu finden.

Wie geht denn das?

Ich nenne mal zwei andere Beispiele: Eine Mutter hat zwei Kinder. Das eine Kind ist zwei und das andere Kind ist vier Jahre alt. Sie hat sich aus tiefstem Herzen immer Kinder gewünscht, jetzt aber spürt sie mehr und mehr, dass ihr die Sache über den Kopf wächst. Sie merkt eigentlich, dass sie sich von den Kindern entfernt, dass sie sich von sich selbst entfernt. Sie merkt auch, dass sie in einem zerrissenen Zustand ist. Ihr geht es durch und durch schlecht.

Oder: Jemand macht seine Arbeit sehr, sehr gut. Er hat eine verantwortungsvolle Aufgabe, kriegt sie gut hin, kommt nach Hause und denkt: Ich bin so was von fertig und erledigt, ich kann diesen Preis für diese Arbeit nicht mehr bezahlen. Er hat das Gefühl, dass er zu Hause an seiner Familie vorbeigleitet. Er nimmt seine Frau nicht mehr wahr, und seine Kinder gehen ihm auf den Wecker. Er ist vollkommen erledigt, nur eine Flasche Wein abends bringt ihn einigermaßen zur Ruhe. Sonst schläft er gar nicht mehr.

Beiden geht es wirklich nicht gut. Situationen, die viele Menschen aus ihrem Alltag kennen. Aber, was ist der Punkt?

In beiden Fällen ist es so, dass diese Menschen immer versuchen, irgendwelche Lösungen im Äußeren zu suchen. Power-Yoga oder Entspannungsübungen helfen da nicht. Die Lösung liegt in etwas Unbekanntem. Beide, die Mutter wie der Mann, sind nicht in ihrem eigenen Wesen. Sie sind beide nicht in ihrer Mitte. Ich erkläre das mal: Die Mutter hat eine gewisse Art und Weise gelernt, mit Kindern umzugehen, weil es alle so machen. Sie hat also eine bestimmte Vorstellung davon, wie eine »gute Mutter« zu sein hat. Aber sie ist nicht so wie alle. Und ihre Kinder sind auch nicht wie »alle Kinder« – und schon gar nicht so wie die im Bilderbuch. Ihre Kinder sind vielleicht hochbegabt. Hochbegabte Kinder haben einen besonderen Anspruch. Wenn man ihn erfüllt, sind sie pflegeleicht. Macht man es nicht, dann gilt das Kind schnell als psychisch gestört.

Wie hilft da Zen?

Wenn der Zen-Weg letztlich die Mitte der Mutter stärkt, wenn er ihre eigene Kraft stärkt und hilft, die Kraft zu zentrieren, sie zu spüren – dann kriegt die Mutter Mut und auch ein Gefühl für sich. Und wenn sie ein Gefühl für sich hat – schwuppdiwupp –, hat sie auf einmal auch ein Gefühl für die Kinder. Und sie denkt: Der ist ja gar kein Rabauke. Die Mutter guckt mit großen Augen, die Kinder gucken mit großen Augen zurück. Huch – was ist denn hier passiert?

Eine gute Entwicklung. Und das nur, weil sie meditiert?

Ja, und das Gleiche funktioniert auch so bei dem Mann mit der Arbeit, der in einem verantwortungsvollen Bereich arbeitet und sehr viel Last hat. Auch hier hat man ihm gesagt, wie es geht, wie er sein soll. Er hat auch ein großes Vorbild, vielleicht den eigenen Vater.

So geht es vielen – fast allen Menschen. So bewegen sie sich durch die Welt. Vielleicht ist dieser Mann in seinem wirklichen Wesen ja gar kein so hemdsärmeliger, lauter Mensch wie seine Kollegen. Er ist vielleicht ganz anders, denkt aber, er müsse ein »Kotzbrocken« sein. Aber die Firma, die er leitet, leidet unter diesem hemdsärmeligen, egoistischen Kotzbrocken. Das Tragische ist, dass er gar keiner ist. Eigentlich ist er sogar derjenige, der die Firma retten kann. Er ist nämlich ein Mensch mit Empathie, ich meine damit die Fähigkeit, Gedanken, Emotionen, Absichten von anderen Menschen zu erspüren. Aber das muss er verdecken. Denn wenn man Empathie in einem so lauten Laden nicht versteckt, dann leidet man an seiner »Über«-Empfindlichkeit, andere Menschen ganz zu spüren.

Aber wenn auch dieser Mensch »in seine Mitte geht«, lernt er, dass Empathie und Empfindsamkeit Stärken sind, sofern sie geerdet, also mit der Erde verbunden und nicht abgehoben sind. Das heißt, er ist unerschütterlich, ganz er selbst. Dann spürt er den anderen, ohne dass er ihn aus seiner eigenen Mitte bringt. Das »Kämpfen« hört auf: Ich muss dem anderen ja nichts mehr beweisen, ich bin ich.

Probleme habe ich demnach, wenn ich nicht in meiner Mitte bin?

Nicht in seiner Mitte zu sein, also von sich selbst entfernt zu sein, und gleichzeitig in der Welt im Alltag zu wirken kostet unglaublich viel mehr Energie, als im Hara, in seiner Kraftmitte zu sein. Der erste Schritt ist in diesem Fall die Übung von Hara und der zweite Schritt, mit Mut und der aus dem Hara gewonnenen Kraft angemessen zu handeln. Und dann lösen sich viele Konflikte und Schwierigkeiten ganz von selber auf. Nun kann der Mensch viel entspannter sagen: »Was machen Sie da eigentlich?«, »Worum geht's denn hier wirklich?«, »Nein, bis hier und nicht weiter«, »Entschuldigung, ich habe mich geirrt«, »Großartige Leistung«. All dies ohne Anspannung und exponierten Kraftverlust. Und plötzlich ändert sich das Grundgefühl, und er oder sie kommt am Abend nach Hause und ist nicht erschlagen. Und dann sehen sie ihren Mann, ihre Frau und freuen sich.

Zen-Meister Hakuin lebte in der japanischen Provinz Suruga. Da er ein makelloses und bescheidenes Leben führte, wurde er von allen sehr geachtet.

Eines Tages wurde ein junges Mädchen, das mit seinen Eltern ganz in der Nähe von Hakuins Haus wohnte, schwanger. Die Eltern waren sehr bestürzt und drängten das Mädchen zu sagen, wer der Vater sei. Sie wollte zunächst nicht antworten, aber schließlich nannte sie den Namen Hakuins. Wutentbrannt eilten die Eltern zu Hakuins Haus und machten ihm heftige Vorwürfe, aber Hakuin sagte lediglich: »Ah so!«

Als das Kind geboren war, brachten die Eltern des Mädchens das Kind zu Hakuin, damit dieser sich um das Kind kümmere. Hakuin sagte lediglich »Ah so!« und sorgte ab diesem Zeitpunkt liebevoll für das Kind.

Es verging ein ganzes Jahr, da konnte die Mutter des Kindes es schließlich nicht mehr länger ertragen und gestand ihren Eltern die Wahrheit: Der wirkliche Vater war ein junger Mann, der im Hafen arbeitete.

Die Eltern des Mädchens gingen sogleich zu Hakuin, entschuldigten sich bei ihm, baten ihn vielmals um Vergebung und nahmen das Kind an sich. Hakuin sagte lediglich: »Ah so!«

Zen-Geschichte

Meditation hilft mir also, in meine Mitte zu kommen. Und wenn ich in meiner Mitte bin, ist das Leben leichter, rege ich mich nicht mehr so sehr auf, bin ausgeglichen und bleibe auch in schwierigen Situationen gelassen?

Ja.

Perfekt. Aber was heißt das denn genau, wenn du sagst, in der Mitte von mir selber sein?

Da gibt es einen großen Rahmen und einen kleinen.

Beginnen wir mit dem etwas kleineren Rahmen. Das ist eigentlich auch wieder ganz trivial. Es geht einfach darum, dass der Mensch mit Energie funktioniert. Genauso, wie Computer, iPhones und Co. sich nur mit Strom, Elektrizität bewegen, ist auch der Mensch von Energien abhängig. Sie heißen allerdings anders – in der chinesischen Medizin zum Beispiel Qi (Ch'i) oder Lebensenergie.

Gehe ich ungut mit dieser Energie in mir um, indem ich beispielsweise permanent Dinge tue, die mich zerstreuen, dann ist das so, als wenn ich ein Haus aus den

60er Jahren ohne Dämmung heize – ich heize zum Schornstein hinaus. Ich habe keine Energie-Ökonomie.

Oder man bewohnt ein ganz modernes Null-Energie-Haus. Ein Haus, das so gut in seiner Energie-Mitte ist, dass es keine klassische Heizung mehr braucht. Allein eine Lüftung reicht.

So kann ich auch meine in mir angelegte Energie-Mitte durch Zen verwirklichen und habe langsam mehr und mehr eine wunderbare innere Energie-Ökonomie, liegt doch im Trend der Zeit.

Diese Energie-Mitte des Menschen nennt man in Japan »Hara« und das kraftvolle Handeln daraus »Hara-Gai«.

Und was ist der große Rahmen?

Der große Rahmen ist die Herz-Mitte des Menschen. Wenn ich in einem Raum ohne Liebe bin, dann bin ich nicht in meiner Herz-Mitte. Die meisten Menschen leben nicht in diesem von Liebe erfüllten Raum. Aus meiner Praxis kann ich sagen, dass das besonders auch viele Frauen betrifft. Sie leben oft in einem Raum, der innerlich ohne Herz-Mitte, ohne Liebe ist. Meistens ohne Liebe zu sich selbst. Ob ich mich selbst nicht wertschätze, nicht lieben kann oder andere, am Ende steht immer Leiden, egal, wie sehr ich auch versuche, es zu verdrängen und zu vertuschen. Daraus entsteht Kraftlosigkeit oder überzogene Aggression, unheilsame Antriebslosigkeit oder ein zerstörerisches Getriebensein.

Energetische Mitte, Lebensenergie, das sind Begriffe, die es hier in Westeuropa nicht unbedingt in der Alltagssprache gibt. Es sind keine Themen, über die hier in durchschnittlichen Familien gesprochen wird. Wie kann ich dennoch einen Zugang dazu finden?

Ja, wir haben dieses Konzept der Lebensenergie eigentlich erst durch den fernen Osten kennengelernt, in den 20er Jahren des letzten Jahrhunderts, und jetzt beginnt es, Früchte zu tragen. Im Zusammenhang damit gibt es unglaublich viel Unfug, aber es gibt auch schöne Bereiche wie Qigong (Ch'i-kung) oder Taijiquan (T'ai-ji ch'uan). Ganz besonders im Zen lernen wir die Lebensenergie kennen, aber auch in den friedfertigen Kampfkünsten oder in der Medizin wie zum Beispiel der Akupunktur.

Aber wie kann es sein, dass etwas so offensichtlich Wichtiges in einem Teil der Welt gelebt wird und in dem anderen Jahrtausende unbekannt ist?

Das liegt einfach daran, dass das Menschenbild unterschiedlich war. Im Buddhismus steht der Mensch im Mittelpunkt, das Werden des Menschen als seine ursprüngliche Bestimmung. Und bei uns, in unserem kulturell-religiösen Menschenbild stand lange das Jenseits an erster Stelle, also das, was nach dem Tod kommt. Der Mensch hatte immer bescheiden zu sein. Die Aufklärung hat ja überhaupt erst die Menschen wieder in die Mitte gerückt. Weil die Aufklärung sehr intellektuell war, ging es in erster Linie um den Verstand, um die Vernunft. Eine wichtige Pionierleistung! Heute, in der Neuzeit, folgen einfach die existenziellen Dinge, zum Beispiel die Entdeckung der Körperlichkeit, und ganz neu auch die Entdeckung des eigenen energetischen Seins.

Wie kann man denn diese Energie, von der du sprichst, fühlen?

Also, es ist ganz einfach. Stell dir vor, du machst einen Bummel durch ein Shopping-Center. Es ist Samstagnachmittag, und die Menschenmengen schieben sich von Shop zu Shop. Dann wird doch jeder, wenn er wieder zu Hause ist, sagen: »Mein Gott, ich bin erschlagen, ich bin total fix und foxi.«

Wir Menschen haben diese eigene Energie, und wenn wir uns zu dicht aneinander bewegen, dann verlieren wir Energie. Das ist ganz normal. Und deshalb sind wir erschöpft, denn wir versuchen immer wieder, dieses System aufzubauen, das uns schützt und das permanent durch diese fremden Menschen geschwächt wird.

Heißt das, dass fremde Menschen uns schaden?

Es ist ganz archaisch, also seit Anbeginn der Zeit unseres Miteinanders: Fremde Menschen sind energetisch gesehen anders als vertraute Menschen, mit denen wir diese Nähe haben können. Immer dann, wenn eine uns unbekannte Person einen bestimmten Abstand unterläuft, wird ein Mini-Energie-Alarm ausgelöst.

Ein anderes Beispiel: Unvorhergesehen passiert etwas

Wunderschönes. Ich stehe morgens auf und erhalte einen Brief: Sie haben ein Preisausschreiben gewonnen, und die ganze Familie fährt an einen wunderschönen Ort. Ja, dann sind wir doch glücklich. Und dieses Glück gibt uns Freude. Die fühlen wir als positive Energie, das heißt, wir sind in einer Energiefülle. Freude bedingt Energie, und Energie bedingt Freude.

In dem einen Fall spüren wir Kraft, in dem anderen verlieren wir Energie. Wir merken, dass es Menschen gibt, in deren Nähe es einfach anstrengend ist, weil dann etwas mit uns passiert. Was, das wissen wir aber nicht so genau. Und es bedeutet auch nicht unbedingt, dass der andere uns etwas Böses will. Manche Situationen sind unangenehm – das fühlen wir, können es aber nicht konkret benennen. Bei der Arbeit zum Beispiel passiert das öfter. Das genaue Gegenteil gibt es natürlich auch.

Gute Nachrichten oder Begegnungen und schlechte wirken sich beide energetisch aus?

Wenn ich bei dem Beispiel mit dem Brief bleibe: Es könnte ja auch ein anderer Brief gekommen sein. Einer, der mir kein schönes Wochenende mit der Familie verspricht, sondern mir zum nächsten Ersten kündigt. Dann habe ich ja eine andere Form von Energie, ich bin vielleicht wütend. Nun könnte man sagen: Halt, das sind doch Gefühle! Ja, das stimmt, aber sie sind getragen von Energie.

Kann ich sagen, Energie ist Leben?

Alles ist Energie. Und wir können diese Energie in uns spüren. Wir stehen morgens auf und wissen, ob wir viel oder wenig Energie haben. Ein Energietest jetzt in diesem Moment: Habe ich Lust, mal kurz anzuhalten, plötzlich aufzuspringen und Uuah zu rufen? Oder möchte ich lieber sitzen bleiben, und alles ist gut? Oder möchte ich ein wenig schlafen? Fühle ich mich jetzt gerade kraftvoll oder eher energielos? Wenn langfristig Energie fehlt, dann hat das Folgen, die wir kennen: Wenn es nach innen wirkt, nennen wir es Depression. Wenn sich die Energielosigkeit eher außen auswirkt, kann ich »nicht in die Puschen kommen«, oder ich erlebe Erfolglosigkeit, weil ich beispielsweise nicht die Kraft habe, Dinge zu Ende zu bringen.

Energie ist Vitalität, ja, sie ist Leben.

Wie wirkt diese Energie auf uns, auf unser Leben, unsere Gesundheit?

Diese Energie steht in Wechselwirkung zum Körper, zum Willen, zu Gefühlen, zu Wahrnehmungen und natürlich zum Denken.

Sie beeinflusst zum Beispiel die Stärke von Gefühlen, aber Gefühle beeinflussen auch den Level unserer Energie. Das Gleiche gilt für den Körper, für das Denken usw.

Es heißt: Da, wo die Aufmerksamkeit hingeht, geht auch die Energie hin. Wie kann ich diese Erkenntnis für mich nutzen?

Energie muss fließen, muss in Bewegung sein. Energie, die nicht genutzt, gebraucht wird, macht sich selbständig und wird destruktiv. Darum ist es für unser aller Leben wichtig, Dinge, Inhalte zu finden, in die wir unsere Energie fließen lassen können. Wird Energie, unsere Lebensenergie, in etwas Kreatives umgewandelt, dann ist sie konstruktiv und gesund, dann lässt uns diese Energie wachsen.

Gibt es etwas, durch das ich meine Energie pflegen kann, im Fluss halte?

Es ist wichtig, etwas in seinem Leben zu haben, in dem man ganz aufgeht, etwas, das einen Menschen ganz erfüllt, das seine ganze Energie ausmacht. Für viele Menschen ist das die Familie. Für andere ist es die Kunst, das Klavierspielen, der Tanz oder das Singen, wo sie sich und damit auch ihre Energie ganz wiederfinden. Es kann auch bei der Gartenarbeit sein, in einem Beruf, der auch ihre Berufung ist, bei einem Hobby, das ihre Träume lebendig werden lässt.

Ist dieses erfüllte Tun auch Teil des Zen-Weges?

Es ist nicht nur Teil des Weges, das ist der Zen-Weg.

Am Anfang nennt man dies japanisch »Do«, einen Weg des Tuns. Irgendwann wird dann aus »Do« Zen, das ganze alltägliche Leben selbst. Im Hokoji, einem berühmten Kloster in Japan, sagte deshalb der alte und ehrwürdige Abt Oi Sadan Roshi immer wieder auf die Frage, was Zen ist: »Action!«

Tun nicht eines Zieles wegen, sondern aus Freude, aus Dynamik, aus der Verbindung von Körper, Lebenskraft und Geist. Das, was ich dabei tue, steht an zweiter Stelle, auch wenn ich durch diesen Weg oft weiterkomme als jemand, der ein Ziel verfolgt. Ich tue etwas, was einfach und wiederholbar ist, und vielleicht auch ein wenig schweißtreibend, zum Beispiel Laufen, einen Fußball gegen eine Wand spielen, immer wieder den gleichen Basketballwurf üben, eine Yoga-Übung machen. Ohne Ziel entsteht etwas, das über die Übung hinausgeht. Plötzlich ist da mehr als Training, Joggen, Walken.

Ein wenig hat das vielleicht jeder schon einmal erlebt. Im Regen, Frühlingswind: nur Laufen, kein Gedanke, nur Kraft und Morgenfrische – wunderbar.

Durch die Zazen-Übung, das morgendliche Sitzen in Kraft und Stille, öffnet sich dieser Weg mehr und mehr. Und plötzlich erkenne ich das Geheimnis. Es geht nicht ums Sitzen, ums Laufen, ums Training als solches, sondern es geht um die Erfahrung der Meditation, des Tuns.

Ist diese Erfahrung abhängig von Äußerlichkeiten?

Dieser Weg ist zunächst unabhängig davon, ob ich äußerlich glücklich bin, Familie habe, ein Genie bin oder nicht.

Ich meditiere morgens und laufe anschließend, ob ich nun schlecht drauf bin oder gerade alles super finde. Der Zen-Weg geht weiter, er geht über »gut« oder »schlecht« hinaus. Genauer, er macht uns sogar mehr und mehr frei davon.

Frei von was?

Fehlt ein Weg, fehlen Verbindung, Einheit im Leben, Liebe. Fehlt ein Weg, der Kraft heilsam kanalisiert, dann kann es passieren, dass die Lebensenergie sich mehr und mehr nur im Denken bewegt oder Emotionen unangemessen verstärkt: Wut, Zorn, Aggression, Gier, Fanatismus, Getriebensein. Die Energie verstärkt unsere Egozentrik, sei es in Richtung der Selbstüberschätzung oder des »Arme-Wurst-Seins«.

Und damit beginnt ein unharmonischer Kreislauf. Denke ich, geht die Energie ins Denken. Bin ich emotional, geht die Energie in die Emotion. Das heißt, die Energie verstärkt das Denken, die Emotion. Ich denke also noch mehr, und damit treibt noch mehr Energie das Denken an. So entstehen sehr leidvolle Spiralen von ununterbrochenen Denk- und Gefühlskreiseln.

Kannst du dafür ein Beispiel nennen?

Jeder, der schon einmal wirklich unglücklich verliebt war, kennt das. Man kommt da kaum noch raus. In unserer Zivilisation entstehen diese Denk-Energie-Spiralen mehr und mehr aber auch aus Nichtigkeiten. Aber das erkennt Mann oder Frau kaum noch, und so leiden sie, obwohl es nur Banalitäten sind. Sie sind hektisch, unruhig, getrieben oder antriebslos, gefangen und plegmatisch. Sie versuchen immer wieder, anders zu fühlen, anders zu denken, aber es funktioniert kaum.

Auch im Beruf? Ich versuche, mich auf das Wesentliche zu konzentrieren, aber das Unwesentliche siegt, oder es siegt nicht ganz, aber erschöpft mich trotzdem?

Der Ansatz ist nicht das Denken, das Unwesentliche, das destruktive Gefühl, sondern erst einmal die Energie.

Zen zeigt einen Weg, die Energie aus dem Unheilsamen herauszulösen, sich von dem Unheilsamen zu lösen. Erst dann gewinne ich Schritt für Schritt die Kraft, die Lebenskraft, die Willenskraft, mich dem Heilsamen zuzuwenden. Und das gilt für alle Situationen des Lebens, also auch für den Beruf.

Es ist der Körper, in dem ich spüre, dass ich aufgeregt bin oder Angst habe. Dann spüre ich es hier im unteren Bauch, da ist dann so ein Gefühl, ein Druck oder auch Kribbeln. Ist das auch Hara, oder was ist das?

Zwischen Bauchgefühl, Erdung und Hara gibt es noch einen Unterschied. Hara ist ein körperliches Zentrum. Und dieses Zentrum bestimmt den Zustand unseres Seins, die Gesundheit, die Vitalität im wahrsten Sinne des Wortes. Das Zentrum dieser Vitalität ist der Unterbauch, das sogenannte Bauchhirn, das Nervensystem in unserem Bauch.

Ich kann durch Übung Kraft dahin lenken. Karatekämpfer können mit Hilfe von Hara und der Lebenskraft Qi – oder Ki, wie die Japaner sagen – einen Stein zerschlagen. Das ist noch nicht Erdung, aber ein großer Schritt dahin. Wenn ich »im Hara bin«, hört das Denken auf, die Gefühle sind nicht mehr so scharf, so unheilsam, das Ego tritt zurück, und es entsteht eine körperliche Mitte, die sehr schön ist. Aber die Erdung ist noch einen Schritt weiter als reines Hara. Es ist ein Bekenntnis zur Erde. Ein Bekenntnis zur Körperlichkeit. Ein Bekenntnis zur Sinnlichkeit. Ein Bekenntnis zur Welt – ein »Ja«, ein kraftvolles »Ja« zum Leben, das ist es.

Gibt es dafür eine Regel, eine Formel?

Geist – Körper – Energie sind eins.

Körper ist die Form der Zen-Übung, das Fundament.

Energie ist die Übung der inneren Kraft, das Haus.

Geist ist der Bewohner, sind der Sinn, der Weg von Herz und Freiheit, in unserem Bild die Erde und der Himmel.

Die Entdeckung und die Erfahrung von Lebensenergie sind der Beginn des Zen-Weges.

Teisho
GESUNDHEIT UND LEBENSENERGIE

Leichtigkeit, Energie und Kraft – das ist die Kurzform. Wir wollen uns zuerst einmal in Bezug auf uns selbst anschauen: Was ist eigentlich Energie? Und was hat Energie mit Gesundheit zu tun?

Kraft und Energie, das klingt anstrengend, ja. Wenn ich Bodybuilding mache, Hanteln stemme, dann muss ich mich anstrengen, und wenn ich sportlich gut in Form sein möchte, um viel körperliche Energie und Kraft zu haben, dann muss ich viel trainieren. Das ist harte Arbeit, da fließt Schweiß. Aber das ist auch eine Bedingtheit. Die harte Arbeit an meinem Körper bedingt, dass ich zum Beispiel Kraft in den Armen habe.

Zunächst ist da also die Frage: Was ist Kraft?
Gut, erst mal physikalisch: elektromagnetische Wellen, Gravitation und atomare Energie. Das sind die drei berühmten wissenschaftlichen Kräfte, die wir sehr gut beherrschen – zum Teil jedenfalls. Aber das ist ja gar nicht interessant – im Moment.

Was ist eigentlich Lebenskraft?

In Europa wissen wir nicht so viel darüber. Wir wissen: Ach, heute bin ich vollkommen müde und energielos.

Oder du sagst: Das war ein toller Tag. Ich bin voller Kraft und Energie. Kurz: Wir spüren schon, dass es eine Kraft und Energie gibt, die mit uns zu tun hat.

Ich fühle mich toll, oder ich fühle mich vollkommen mutlos, schwach und ohne Energie. Diese Energie ist nicht etwas Abstraktes, sondern sie betrifft unseren Körper und unseren Geist. Sie hat auch etwas zu tun mit Gestaltungskraft, Schaffenskraft, mit Wachstum und Selbstsein oder Nicht-Selbstsein. Sie ist die Energie des Lebens, die nicht nur bestimmt, wie wir uns fühlen und wie gesund wir sind, sondern auch, wie wir in der Welt klarkommen oder eben nicht.

Zum Beispiel: Ihr seid in einer Wohnung, die euch nicht gefällt. Aber es kostet zu viel Energie – wegen des Jobs, der euch zurzeit sehr beansprucht –, eine neue Wohnung zu suchen, denn Wohnungen in eurem vorgestellten Preis-Leistungs-Bereich sind rar in der Großstadt. Und deshalb lasst ihr das immer wieder.
Starte kleine erfolglose Versuche, und vertage etwas immer wieder. Auch das ist ein Thema von Kraft und Energie. Ohne ausdauernde Antriebskraft bleibt ihr weiter in dieser Wohnung und fühlt euch unwohl.
Oder ihr gehört zu den Personen, die mit einem Menschen verbunden sind, mit dem ihr eigentlich etwas Grundlegendes klären müsstet, wo ihr merkt, da ist Disharmonie, aber ihr habt nicht die Kraft, das zu klären.

Das ist Kraft in einem größeren Rahmen.
Und das geht weiter. Habt ihr die Kraft, Dinge zu tun, die für euch heilsam sind? Oder fallt ihr immer, weil ihr die Energie nicht habt, in etwas Unheilsames zurück?

So weiß beispielsweise eine Projektleiterin einer Versicherung, dass sie zu viel wiegt. Oder ein selbständiger Handwerksmeister weiß, dass er zu viel Alkohol trinkt. Beide nehmen es sich immer wieder vor, etwas zu verändern, aber scheitern oft schon am ersten Abend. Sicher hat dies nicht nur mit Energie zu tun. So können äußere Probleme oder innere Ängste und Bedürftigkeiten mit aktuellem oder auch altem Hintergrund bis zurück in die Kindheit die Ursache sein. Aber ohne Energie, Entschlusskraft und Ausdauer kommt Frau oder Mann, Ursache hin oder her, nicht weiter. Sie haben vielleicht nicht einmal die Kraft, sich Unterstützung zu holen.

Yin-Hara ist Ausdauer,
Yang-Hara ist Entschlusskraft

Entschlusskraft, die Energie auf einen Punkt zu bringen, nennen wir im Daishin-Zen »Yang-Hara«, und Ausdauer, die Fähigkeit, die Energie kraftvoll über längere Zeit ohne Unterbrechung zu halten, nennt man »Yin-Hara«.

Und das ist im Zen nicht nur Theorie, sondern trainierbar, erlernbar. An dieser Stelle spürt man, dass Kraft nicht nur ein momentaner Zustand ist, sondern ein gesamtes Kraftpaket, ein Energieniveau.

Dieses nennen wir hier in Europa Vitalität, es ist meine Grundvitalität. Und im Gegensatz zum Westen, der an dieser Stelle stoppt, hat sich der Osten schon seit sehr langer Zeit mit Prana, Qi und Ki beschäftigt.

Drei Worte für »Energie«, aus der indischen, der chinesischen und der japanischen Tradition.

Die Idee des Prana existiert in Indien seit fast 3000 Jahren, im Yoga ist sie fest verankert. In China nennt man die Lebensenergie Qi.

Qi ist die Kraft, die Lebensenergie, die durchaus erforschbar ist, ja, und die veränderbar ist. China hat in alter Zeit in dieser Hinsicht am meisten Pionierarbeit geleistet. All dieses Wissen ist in das Chan, das chinesische Zen, geflossen.

Die alten Meister gehen davon aus, dass in uns und in unserem Körper eine Kraft ist, die jede einzelne Zelle mit Energie versorgt. Wir brauchen nicht nur Sauerstoff, der durch das Herz-Kreislauf-System, das Blutsystem transportiert wird. Wir brauchen auch die feine Lebensenergie. Sie fließt in einem Meridiansystem, einem System von Energieleitbahnen durch den Körper. Ein wichtiges Zentrum ist das Dantian, wie es in China heißt, oder Hara, wie die Japaner sagen. Es liegt auf einem Meridian oder einer Energieleitbahn, die mit einer anderen Bahn zusammen einen Energiekreislauf im Körper bildet, den »kleinen Qi-Kreislauf«.

Chan kam ab dem 12. Jahrhundert nach Japan und wurde dort zu Zen. Aus Qi wurde Ki. Deshalb spreche ich jetzt weiter von der Lebensenergie als Ki-Energie, oder einfach Ki.

Energie und Freude
sind miteinander verbunden

Und diese Energie bestimmt quasi die Grundkraft unseres Seins, sie bestimmt letztlich, wo ich hingehe im Leben. Ich würde so gerne mal das und das tun, traue mich aber irgendwie nicht. Und dann, auf einmal, habe ich diese Kraft. Ich spüre diese Kraft. Es ist, als ginge ich im Regen spazieren, und es ist toll. Auch das ist Energie, gepaart mit Freude. Energie und Freude sind sehr, sehr eng miteinander verbunden.

So gibt es zwei überaus wichtige Beziehungen hinsichtlich unserer Lebenskraft: die von Lebensenergie und Freude und die von Lebenskraft und Gesundheit.

Das heißt, jede einzelne Zelle in uns wird mit der Ki-Energie versorgt. Gesundheit und Ki sind miteinander verbunden, stehen in einer existenziellen Beziehung. Die chinesische Akupunktur, das Shiatsu und viele sehr hochentwickelte Heilkünste gehen auf diesen Punkt zurück. Ebenso Qigong, Taijiquan, Fengshui und zum Teil auch der Yoga. Mit diesen Künsten harmonisieren wir unsere Lebensenergie und bleiben gesünder.

Aber gibt es einen Weg, diese Energie in uns generell kurzzeitig zu stärken? Und mit einer Leichtigkeit zu öffnen? Gibt es überhaupt einen Weg, diese Energie einmal kennenzulernen?

Ja, es ist nur eine tägliche Zen-Übung nötig.

Noch spüren wir die Energie oft gar nicht. Der eine oder andere von euch könnte sagen, ja, ich kenne den Zustand, wenn ich mich voller Energie fühle. Und ich kenne den Zustand, wenn ich müde und energielos bin.

Und es gibt auch ein Zuviel von Energie – dann bin ich nervös.
Dazu gibt es noch eine Ebene von harmonischer Energie: Wenn ich in den Schlaf gehe, wenn ich entspanne, dann merke ich, dass die Energie ganz ruhig ist.

Ihr seht, es ist eine große Bandbreite, und es wäre für uns doch eine tolle Sache, wenn wir diese Energie spüren, öffnen und ausgleichen könnten.

Energie ist immer da

In den östlichen Traditionen und Lehren geht es nicht um eine Theorie dieser Energie. Energie ist dies und jenes – nein, darum geht es nicht. Energie ist immer da, das ist die Erfahrung der alten Meister und Meisterinnen seit Tausenden von Jahren. Und diese Erfahrung ist verbun-

den mit der Praxis: Wie komme ich an meine Energie heran, wie spüre ich sie?
Wie kann ich diese Kraft in meiner Energie-Mitte spüren, das heißt, wie kann ich in meiner Mitte sein?
Im Zen nennt man das, im Hara sein, in seiner Erdmitte sein.

Ein Beispiel: Ich komme nach Hause, und die Kinder überfallen mich. Eigentlich ist das total schön, aber ich bin einfach so zerschlagen und denke nur »O Gott«. Und ich merke, dass ich Dinge tue, die ich im Grunde nicht tun will. Denn eigentlich scheint die Sonne, aber ich spüre das gar nicht. Was mache ich in so einem Moment?

Lebensenergie und Kraft sind die Basis unserer Gesundheit

Oder in so einem Moment, wo es richtig in mir kribbelt, wo ich so nervös bin, dass ich nicht einen Augenblick stillsitzen kann? Es denkt und denkt und denkt …

Die geschilderten Situationen sind nicht neu. Damit haben sich seit vielen Jahrtausenden die Weisen beschäftigt. Immer wieder.

Lebensenergie und Kraft sind die Basis für Gesundheit auf der einen Seite und für Vitalität, das heißt die Art und Weise, wie ich in mir bin und in der Welt wirke, auf der anderen Seite. Gemeint ist die Weise, in der ich in dieser Welt lebe. Es geht um meine Fähigkeit, die Welt zu gestalten, vor allen Dingen um meine Fähigkeit, mich selbst zu gestalten.

Wir sind vergleichbar mit einer Figur,
die in den Schlamm gefallen ist und nun nur braun und unschön aussieht. Wir versuchen, uns zu »vergolden«, besser zu machen, ohne zu sehen, dass wir schon »reines Gold« sind,
wir müssen nur den Schlamm abwischen.

Es geht also nicht darum, immer wie ein Energieprotz die ganze Zeit mit einem Hurra rumzulaufen. Wenn ich müde bin, dann bin ich müde, wenn ich erschöpft bin, dann bin ich erschöpft – nur ich bleibe dabei in meiner »Energie«, in meiner »Kraft-Balance«, in meiner Mitte. So wird mein unangemessenes Handeln weniger, von Übung zu Übung.

Ich bin müde, ich bin sanft, und ich bin auch nachdrücklich und erfülle keine Erwartungen, die ich nicht erfüllen kann. Wenn ich in meiner Mitte bin, werde ich zum Vorbild.
Gerade Kinder merken das. Sie haben dafür noch viel feinere Antennen. Kinder sind unser Spiegelbild.

Gesundheit und Ki. Auch hier geht es um die innere Mitte.

Zu viel Energie ist Yang, zu wenig Yin.

Wenn es eine Energie gibt, die jede Zelle versorgt, dann versorgt sie auch jedes Organ, jeden Teil unseres Körpers – das ist ja verständlich. Und wenn es zu einem Defizit kommt, dann entsteht Disharmonie. Dasselbe passiert, wenn etwas zu viel ist. Das Zuviel nennt man Yang, und Yang ist auch Stau. Die Energie nennt man Ki. Yang-Ki ist also ein Zuviel an Energie an einer Stelle. Zu wenig, das ist Yin. Yin-Ki, das ist zu wenig Energie. Zen kann auch ein Weg sein, diese Kräfte langfristig auszugleichen.

Eine besondere Zen-Kunst, die sich damit beschäftigt, ist das Qigong, japanisch Ki Ko genannt. Das Zen selber beschäftigt sich mit der Essenz dieser Kraft nicht nur in Bezug auf die Gesundheit, sondern in erster Linie in Bezug auf den Weg zum Glück und zur Essenz unseres Seins hier auf dieser Welt. Oder, so kann ich es auch sagen, in Bezug auf den Weg zu unserer eigenen Seins-Mitte. Das geht deutlich weiter als der Weg am Beginn: der Weg zur Energie-Mitte. In Harmonie und Ausgewogenheit zu sein heißt auch, auf dem Weg zum Heilsamen zu sein.

Aber gerade am Anfang des Zen-Weges ist das Sitzen und Üben in Kraft und Stille von großer Wichtigkeit.

Da brauche ich viel Energie, weil es eine Menge Dinge gibt, die unheilsam sind, bei denen ich oft das Gefühl habe, ich bin ausgeliefert oder kann mich gar nicht entgegenstemmen. Es gibt diese innere Stimme, die zum

Beispiel leise mahnt: Eigentlich sollte ich nicht so viel oder so wenig arbeiten. Mir fällt auf, dass ich so viel arbeite, dass andere aufmerken. Aber mehr als die Hälfte meiner Arbeit verpufft, verstrickt sich im Unwesentlichen, ist Aktionismus – keine Fokussierung. Oder das Gegenteil: Eigentlich sollte ich jetzt für die Prüfung lernen, sollte jetzt endlich diesen unangenehmen Anruf tätigen, die Projekt-Deadline kommt unangenehm immer näher, aber … Ich merke, mir fehlt die Kraft, das Richtige zu tun.

Oder einfache Banalitäten: Der Stress bei der Arbeit, dann durch diesen Verkehr zu fahren oder zwei Stunden einzukaufen, das wird einfach zu viel, und ich bin vollkommen erschlagen. Das sind äußere klitzekleine Herausforderungen, aber trotzdem merken wir, eigentlich muss das nicht so sein. Wir spüren, dass wir uns gerade nicht gut fühlen.
Das ist erst mal alles.

Während des Zen-Weges lernen wir, diese Kraft in einer Mitte zu sammeln. Diese Mitte ist wie schon erwähnt Hara. Die Fähigkeit, aus dem Hara heraus zu handeln, aus dieser Mitte zu agieren, zu gestalten und unseren eigenen Weg in dieser Welt zu gehen, das ist Hara-Gai.

Das ist die Fähigkeit, aus seiner eigenen Kraftmitte mit Freude und Harmonie in der Welt zu stehen. Mitten in dieser großen Welt.

ANHALTEN UND STILL SEIN

In die Stille gehen – was bedeutet das? Gerade im Zen wird oft gesagt, man soll in die Stille gehen. Heißt das, sich von der Welt zurückziehen?

Ein Beispiel: Ein erfolgreicher Projektleiter, angestellt in einem mittelständischen Unternehmen, kraftvoll, beliebt und witzig, der hemdsärmelige »Gute-Laune-Bär«. In irgendeiner Art und Weise spürt er, trotz allen Erfolges, dass er in Disharmonie ist. Er fühlt sich immer unwohler in seiner Haut. Die Klassensprecher- und bei Allen-beliebt-Zeiten geraten in den Hintergrund. Und der Erfolg kommt nur langsam, wenn überhaupt, in die Gänge. Irgendwie ist da ein immer stärkeres Gefühl von »keine Lust mehr«. Das ist beunruhigend und verwirrend.

Oder eine Sachbearbeiterin im öffentlichen Dienst glaubt sich immer mehr verteidigen, rechtfertigen oder vorbeugend andere angreifen zu müssen. So gerät sie zunehmend in Konflikte mit anderen. Sie fragt sich immer häufiger: »Bin ich schuld oder sind es die anderen, und warum war es früher leichter?« Entweder wird diese Person anderen Menschen gegenüber noch aggressiver, oder sie fühlt sich schuldig und lenkt die zerstörerischen Kräfte auf sich selbst. In welche Richtung ihre Aggression auch geht, sie versucht, sich abzuschotten, zuzumachen.

Beide weichen aus, wollen ihr Problem nicht sehen?

Richtig, in beiden Fällen entsteht ein Wunsch, auszuweichen, ohne wirklich zu wissen, ob es einen wirklich berechtigten Grund im Äußeren gibt oder ob die Ursache in einem selbst liegt oder es eine Mischung ist. Steige ich aus, wenn die manchmal unsichtbaren Impulse und Ursachen in mir liegen, dann komme ich vom Regen in die Traufe. Liegt das Problem deutlich außen – wie eine schwierige wirtschaftliche Zeit, abteilungsinterner Druck oder gar Mobbing oder Vorgesetzte mit dem Führungsstil »nach Gutsherrenart« –, dann kann ein Wechsel oder ein Aussteigen oder eben auch ein Kampf, Widerstand und Aussitzen der richtige Weg sein. Nur in den meisten Fällen weiß ich das nicht.

Und wie finde ich das heraus?

In vielen meiner Coachings erlebe ich: Wenn Menschen in solchen oder ähnlichen Situationen sind, dann braucht es ein wenig Klarheit. Und daraus ergeben sich manchmal auch Überraschungen.

In all den bislang geschilderten Fällen liegt die Lösung im Anhalten. Erst die Stille lässt mich doch erforschen, was das Unbekannte ist. Dann merkt vielleicht der Projektleiter: Dies ist nicht mehr meine Firma. Zen gibt mir durch Anhalten diese Einsicht und den Mut, rauszugehen.

Ich persönlich habe viele Freunde erlebt, die mit großen Zweifeln diesen Weg gingen. Monate, manchmal auch erst Jahre später, stellten sie dann fest, das sie jetzt wieder auf einem Weg der Harmonie von Leben und Arbeit sind. Oft gab es die alte Firma gar nicht mehr. Der Instinkt war richtig. Oder ich bin gar nicht mehr der hemdsärmelige »Gute-Laune-Bär«, es liegt etwas anderes an, aber was? Man selbst zu sein, anders zu arbeiten! Und durch Zen fällt die Arbeit wieder leichter. Auch hier geht es um Mut durch Zen. Um den Mut, einen anderen Weg von innen nach außen zu gehen.

Was ist die Essenz?

Ich erkenne, dass ich mit viel Energie etwas aufrechterhalten habe, was es gar nicht mehr gibt oder nie gegeben hat.

Das ist eine Art der Erkenntnis, die Veränderung, aber auch Befreiung bedeutet. Da ist auf einmal diese Stille. In meinem riesigen, rappeligen Kopf ist es plötzlich still. Da beginnt Zen, einfach ein Innehalten: Was tue ich? Was ist heilsam? Was ist mein Weg? Und später geht es noch tiefer, um grundsätzlichere Fragen. Die Frage nach der Essenz des Seins. Zum Beispiel: Was ist Leben unmittelbar? Was ist das hier eigentlich? Wer bin ich?

Da ist es **nur** die Stille, die uns die Antwort gibt.

Weil unser innerer Lehrer, unsere innere Führung eine Antwort gibt?

Och, in der Religion findet man auch Führung. Menschenmassen werden geführt, und alles Mögliche wird als »innere Stimme« oder »Führung« suggeriert. Letztlich dient diese innere Stimme nicht uns, sondern sie wurde uns seit Kindheit eingebleut. Doch in der Stille ist ja erst mal nichts, auch keine Stimme, von wem auch immer. Es ist einfach nur da sein.

Was ist einfach nur da?

Da ist nur Sein, nur Wirklichkeit. So wie sich ein Kind auf einer Sommerwiese fühlt: »Oh, wie schön, eine Pusteblume.« Und heute: »Oh, großartig, Leben. Ich bin das! Ich bin … nur Sein!« Ohne sollen und müssen, ohne mahnenden Zeigefinger, ohne dies und das, ohne die Last des Erwachsensein-Pakets, ohne das brabbelnde Grübeln nicht wirklicher Vergangenheitsillusion.

Und dann kommt ganz unvermutet eine Öffnung in die Verstrickung, dann kommt ganz unvermutet Freiheit herein. Unser »wahres Wesen«, unser Selbst sind innere Führer, wie du sie ansprichst. Nur so, wie du es fragst, klingt es, als wäre da etwas Zusätzliches in uns, wie ein zweites Ich. Doch so ist das nicht. Es öffnet sich aus der Stille, und du weißt es auf einmal. Das ist leicht. Nicht so leicht ist es, zwischen aktuell aufgewühlten Gefühlen und tiefem Wissen ohne Gefühlsverblendung zu unterscheiden. Das braucht Zeit und einen strengen Lehrer. Richtiger ist deshalb die Aussage: Ich bin zwar mein innerer Lehrer, meine innere Führung – doch dieses Ich ist nicht das Ego-Ich.

»Was die Stille des Weisen betrifft,
so ist der Weise nicht still,
weil von der Stille gesagt wird,
sie sei gut.
Seine Stille rührt daher,
dass die Vielheit der Dinge
seine Stille nicht stören kann.
Des Weisen Herz in seiner Stille wird zum Spiegel
von Himmel und Erde, zum Spiegel der Vielheit
der Dinge in der Welt.«

Meister Zhuang

Was ist das »Nichts«, der Spiegel, in dem sich alles spiegelt?

Nichts …

Was hat das mit mir zu tun? Betrifft mich das?

Es betrifft dich ohne dich.

Grenzenlose Freiheit. Offene Weite. Alles ewig, ohne Ich.
Kaum lese ich dies, denke ich dies, ist etwas.
Nichts ist alles ohne Verblendung.

Beschreibt das wirklich einen Zustand, der für die Menschen heutzutage von Wichtigkeit ist?

Das kann nur jeder selbst beantworten.

Ja, für mich war das zum Beispiel die Frage, als ich 16 war. Damals wollte ich einfach wissen: Warum ist das alles da? Ich empfand es damals so, dass lauter Wahnsinnige um mich herumspringen und dass viele nach einem solchen Sprung nicht mehr aufstehen.

Resigniert, erschöpft oder mit irgendetwas zugeknallt. Und letztlich, so empfand ich es damals, sind wir alle dem Tod geweiht. Dann ging's ab mit den Fragen: Was ist Tod? Was ist das hier? Und schließlich die klare Entscheidung: Nicht, was ist Tod, was ist nach dem Leben, sondern was ist Leben? Was ist das Leben selbst? Was ist dies? Wer bin ich? Ich wusste mit 16, ich werde nicht in die Kiste springen, ohne zu wissen, was das alles hier ist.

Es war geradezu beunruhigend. Man sitzt in einem Zug, der mit 400 Stundenkilometern von A nach B fährt. Irgendwo prallt man mal auf und »Ende Gelände«, »Feierabend«, und zwischendurch machen alle Party oder weinen oder was auch immer, sie tun es bis zum Garaus. Ich fand den Zustand, die gesellschaftliche Position, in dem Zug immer sekundär. Primär war die Situation dieses Schnellzuges, der von A nach B fährt und den man »Leben« nennt. Also war die Grundfrage: Was ist Leben?

Konntest du diese Frage beantworten?

Ich fand heraus, dass wir alle dem Leben geweiht sind.

Wie ich schon erwähnte, traf ich mit 17 einen Zen-Trainer in Kiel. Damals beschäftigten sich mein Großvater und mein Vater schon seit langem mit Yoga. Und so entstand eine Alternative, ein Weg. Yoga, die großen Meister Indiens gaben mir einen Geschmack des Heiligen, des heiligen Raums in uns Menschen.

Und Zen sagte mir: Du musst in die Stille gehen, also mache doch diesen Irrsinn im Zug nicht mit. Bleib stehen, mitten im Zug, mitten im Trubel der Welt. Und irgendwann, wenn du stehen bleibst, bleibt der Zug auch stehen, dann bleibt auch der Trubel stehen. Und dann auf einmal erkannte ich, was Leben ist. Was Geist ist. All diese großen Fragen, die uns Menschen bewegen: Was ist Gott? Gibt es etwas Absolutes? Gibt es Geist?

Dann frage ich dich jetzt: Was ist Leben?

Was ist Leben genau? Das, was jetzt in diesem Moment ist. Was ich jetzt spüre. Unmittelbar. Direkt.

Jetzt … und wieder … jetzt …

Was für ein gewaltiger Impuls, dein Leben, mein Leben, unser Leben, alles Leben … gleichzeitig, ungetrennt, ewig und jetzt. Und dann denkst du, und schon kommt Zeit herein, und schon bist du wieder allein. Dürckheim wurde mit 90 einmal gefragt: »Was ist, wenn Sie gestorben sind?« Er antwortete: »Das Leben geht weiter.« Der christliche Zen-Meister Willigis Jäger sagt: »Das Leben endet nie.«

Wann und wo findet dieses Leben statt?

Ich kann ganz sicher sagen: Das ewige Leben ist nicht nach dem Leben.

Ein Freund fragte den Zen-Meister Ikkyu,
als dieser im Sterben lag:
»Ikkyu, wo wirst du hingehen, wenn du tot bist?«

Er antwortete:
»Ich werde nicht sterben,
ich werde hier sein.
Aber frag mich nicht.
Ich werde nicht antworten.«

Zen-Geschichte

Ich habe einmal eine Frau getroffen, die sagte: »Sie wollen leben? Dann leben Sie!« Ist es das?

Ja. Es klingt einfach, ist aber nicht einfach, weil unser System uns davon abhält, uns vom Leben trennt.

Was bedeutet, vom Leben getrennt zu sein?

Es bedeutet, dass etwas denkt, du musst so und so sein, du musst dies und jenes. Und das ist ein Stuhl, und das ist jetzt hier, und du musst diese Rolle aufrechterhalten, und das Wetter ist schön, und du musst jetzt rausgucken und bla, bla, bla. Die ganze Zeit wird alles mit Etiketten überklebt. Alles! Gut, schön, schlecht, ja, nein, das sind die Hauptetiketten. Geil, sexy, doof, eklig. Hass, Hass, Hass. Gier, Gier, Gier. Gut aussehen wollen, recht haben wollen. Kleb', kleb', kleb'. Alles zukleben, bis ich nichts mehr sehe – außen und in mir. Ich bin nichts wert, der andere ist nichts wert. Bla, bla, bla.

Ist Zen ein Konzept, aus diesem Dilemma rauszukommen?

Zen ist genauso wenig ein Konzept, wie ich kein Konzept brauche, um Wasser zu trinken, wenn ich durstig bin. Ich brauche kein Konzept, denn das Wasser des Lebens ist überall. Zen ist insoweit ein Konzept, als dass es sagt, ein Foto mit einem Glas Wasser wird deinen Durst nicht löschen. Aber diese Einsicht reicht nicht. Gehe ich nicht zur Quelle, zerrinnt diese Einsicht im Strom der Blindheit.

Zen ist kein psychologisches oder konzeptionelles System, das sagt, du solltest versuchen, doch mal ein wenig netter zu dir und anderen zu sein. Das funktioniert nämlich nicht. Zen ist das unmittelbare Wegreißen von diesem ganzen Gerede, das nicht nur im Bewusstsein, sondern auch im Unterbewusstsein brabbelt, wie auf einem überfüllten Flughafen, wo Hunderte von Leuten reden, die ganze Zeit.

Ist es das, was das »Potenzial des Augenblicks« genannt wird?

Richtig. Der Moment, wo es so still wird, wo Stille kommt.

Wenn der Geist still wird, wird die Welt wahr.

Stille, Anhalten. Und da beginnt die Zen-Übung: wenn ich in der Lage bin, still zu sein.

Viele Leute haben Angst davor.

Ja.

Warum? Was macht da so Angst?

Da gibt es viele Gründe.

Was sind die Hauptgründe?

Das Erste ist natürlich, dass ich mich aushalten muss. Ein anderer Grund kann zum Beispiel der sein: Eine Mutter hat zu ihrer Tochter immer gesagt, sie sei nichts wert. Jetzt versucht die Tochter diese Minderwertigkeit zu überdecken, mit irgendwelchen Karrieren und Geschichten. Und das muss diese Frau anhalten, wenn sie zum Zen geht. Und wenn sie sich zu sich selber hin entwickelt und feststellt, ich bin ganz viel wert, dann wird sie es auch noch mal mit der Mutter zu tun haben. Dann braucht sie einen guten Lehrer, der sagt, geh einfach weiter, bleib sitzen, jetzt. Lass deine Mutter da auch sitzen. Dann geht der Weg weiter, auf einmal ist nur noch sie da. Weder die Erfüllung von Erwartungen, noch was die Mutter gesagt hat, noch was andere gesagt haben. Auf einmal die Erkenntnis: Hallo, das bin ja ich. Die Basis ist nicht die intellektuelle Erkenntnis, auch noch nicht ganzheitliche Erfahrungen, sondern die Wandlung auf der Grundlage der Übung.

Und das funktioniert einfach so, während des Sitzens? Ich meine, ich könnte ja auch Therapien machen, da würde ein Therapeut viele Stunden mit mir arbeiten.

Therapie ist sehr wichtig. Es gibt Menschen, deren Verletzungen, die sie in der Kindheit oder später erlitten haben, so stark sind, dass sie gar nicht in die Stille kommen können. Und dann kommt das Zen auch nicht weiter. In dem Fall ist es notwendig, mit einer Therapie die schwere Verletzung in uns zu heilen.

Passiert es oft, dass du potenzielle Schüler zunächst zum Therapeuten schickst? Sind viele Menschen so schwer verletzt?

Grundsätzlich sind die Menschen alle krank. Wir leiden an dieser Verwechslung von Wirklichkeit und Nicht-Wirklichkeit. Wir halten die ganze Zeit etwas für Wirklichkeit, was nicht wirklich ist, und rennen an der eigentlichen Wirklichkeit vorbei. Und so rennen wir am Leben vorbei. Wir haben etwas im Kopf, das nennt man Ego. »Ich bin dies und nicht das« – und das bezeichnen wir als Leben. Das Leben ist außerhalb von diesem Ego.

Was ist das Ego?

Das Ego ist das, was wir normalerweise mit »Ich« bezeichnen. Und dieses »Ich« pendelt ständig zwischen Freud und Leid hin und her, stets auf der Suche nach mehr: mehr Veränderung, mehr Geld, mehr Ansehen, mehr Glück, mehr, mehr, mehr …

Und diese Suche nach dem »Mehr« bestimmt das Leben der Menschen. Hört mit Zen diese Suche auf?

Der Punkt ist doch der: Es lärmt und ist laut. Erst kommen meine Gedanken, und dann kommen noch die Gefühle, dann kommt der Körper dazu und dies und das. Das Einzige, was geschieht, ist, dass wir im Zen Übungen kennenlernen und Vertrauen, zu uns, zu dem Lehrer, zu anderen Schülern, zu Freunden, die mit uns gehen. Stück um Stück kommen diese Dinge zur Ruhe. Und in dem Maße, in dem wir zur Ruhe kommen, geschieht immer weniger. Und am Ende geschieht gar nichts. Dann ist das Leben selbst da. Dann ist nur das Leben selbst, und unser Wesen kann handeln, aus sich selbst.

Eine Übung im Zen ist, in die Natur zu gehen, und dort nur zu hören oder nur zu sehen. Ist das eine Möglichkeit, um zu sich selbst zu kommen?

Na ja, das ist sicher eine Möglichkeit. Dann gehen wir doch mal »im richtigen Leben« in den Wald und stellen uns da mal hin. Ein wunderbarer Sonnenuntergang deutet sich an, es ist schönes Wetter, so wie jetzt. Noch scheinen die Sonnenstrahlen durch die Bäume. Rot, gelb, blau schimmert der Himmel. Und zwei normale Menschen gehen spazieren und – quatschen die ganze Zeit vom letzten Mallorca-Urlaub. Das ist das Problem.

Diese Asynchronität, Nichtübereinstimmung. Dann sage ich den beiden: »Bleiben Sie mal stehen.« Doch dann fällt dem einen auf, dass da ja ein Reiher ist. Vielleicht. Und dann stehen sie da, und es rappelt wieder los: Entenbraten … Habe ich den Herd abgeschaltet? Wenn ich 350 Euro an den Kredit der Oma abbezahle, kann ich mir dann das Haus leisten? Und so geht das weiter, bla, bla, bla, bla, bla. Oh, da war ein Reiher, flatter, flatter. Ganz hübsch hier eigentlich der See. Ja, ganz schön. Was hat Frau Müller gestern gesagt? Ich sei eine alte Lusche? Das hat sie doch nicht so gemeint, oder? Was gibt es eigentlich heute Abend im Fernsehen? Und da ist eine

Möwe. Was macht denn eine Möwe mitten im Wald? Das verstehe ich nicht. Bla, bla, bla – ich nehme nichts wahr.

Da bleibt nur eine Postkarte im Hinterkopf. Wenn später die Tochter fragt, wie es denn gestern am See war – ach ja, Postkarte, ganz schön. Oder mit den Worten von Oscar Wilde: »Leben – es gibt nichts Selteneres auf dieser Welt. Die meisten Menschen aber existieren nur.«

Und wann bin ich frei davon?

Wenn ich den Schrei der Möwe nur einmal wirklich höre, oder das Rauschen des Windes in dem Birkenbaum. Dann bin ich frei. Dann erkenne ich, was Freiheit ist. Freiheit in unserem Kopf, in unserem Leib, in unserer Welt. Dann erkenne ich, was es bedeutet, Mensch zu sein. Bekomme eine Ahnung davon, was das Leben ist. Und dann kann man nur lachen über den verrückten Krempel, den die Menschen normalerweise schreiben und über den sie reden.

Citta matra – reiner Geist.

Alles, alles ist reiner Geist.

»Der Sinn des Lebens
ist es, zu leben.
Und Leben heißt:
bewusst sein,
freudig,
trunken,
gelassen,
göttlich bewusst.«

Henry Miller

ZAZEN – EINFACH NUR SITZEN

Wer mit Zen beginnt, der begegnet Menschen, die dunkel gekleidet, auf Kissen oder Bänkchen auf dem Boden hocken. Warum ist das so? Warum diese dunkle Kleidung, diese einfache Form?

Die Schlichtheit, auch die der Kleidung, unterstützt die Meditation.

Stell dir mal diese Situation vor: Ich habe, wie im Rinzai-Zen üblich, die Augen halb offen und blicke nach außen in den Raum hinein. Mir gegenüber sitzt jemand in einem Trainingsanzug, der violett-kreischgelb kariert ist, auf dem vielleicht noch steht »Stell dir vor, du gehst in dich und keiner ist da«, »Ich bin hier, weil ich so dekorativ bin« oder »Ich bin nicht tot, ich riech nur komisch«, und mein Gegenüber ruckelt auch noch, dann ist es wesentlich schwieriger für mich zur Ruhe zu kommen. Darum geht es. In einem bunt-bewegten, nervösen Feld zu sitzen ist ungleich schwieriger als in einem Raum, wo die Matte und die Kleidung der Menschen dunkelblau oder in gedeckten Farben gehalten sind.

Also ist es Rücksichtnahme auf die anderen, die mit mir meditieren?

Ja.

Das verstehe ich. Dann sitze ich als Anfänger da auf meinem Bänkchen, und jemand sagt: Jetzt sitzt du da erst mal 25 Minuten still, schweigend …

… nein …

… und eventuell sagt er mir noch was zum Atmen …

… nein, nein! Leider ist das in vielen Zen-Gruppen so. Ich aber lege großen Wert darauf, den Menschen erst zu erklären, worum es überhaupt geht. Und dann, irgendwann, wenn der Mensch das begriffen hat, dann erklären wir ihm, wie er in eine Ruhe kommt.

Welche Art der »Kontaktaufnahme« mit Zen hältst du für zeitgemäß?

Wir erklären den Menschen erst, warum Zen nützlich ist. Zum Beispiel kommt jemand und sagt: »Ich spüre eine unglaubliche Unruhe in mir.« Dann fragt der Lehrer zuerst: »Du bist doch sicher hier, um Ruhe zu finden?« Und wenn der Zen-Interessent dann »ja« sagt, dann kommen die nächsten Fragen. Ist es eine innere Unruhe, oder ist sie eher außen? Bist du im Moment in einer Situation, in einem Beruf, wo totaler Druck herrscht? Oder spürst du in dir eine Getriebenheit? Und wenn er dem zustimmt, dann ist die nächste Frage: »Ist das eine körperliche Unruhe, oder ist es mehr ein schnelles Wechseln von Gedanken? Also, fühlst du dich kribbelig, obwohl du eigentlich in Ruhe sein könntest?«

Warum muss der Zen-Lehrer das alles wissen?

Erst dann, wenn ich als Zen-Lehrer das alles weiß, kann ich demjenigen eine Übung geben, die zu ihm und seinen Bedürfnissen genau passt.

Dieser Ablauf ist immer gleich. Genauso wie die Form des Zen, zum Beispiel die Sitzhaltung. Hinter diesen verschiedenen Formen der Sitzhaltung liegt ein Grundprinzip. Vergleichen wir es mit dem Teetrinken. Wenn ich Tee trinken will, dann brauche ich eine Schale. Die Schale ist gleich der Sitzhaltung. Das heißt, es gibt eine optimale Schale, das aufrechte, freie Sitzen auf einem Kissen oder Bänkchen – im Zen »Zazen« genannt.

Und diese »Schale« ist überall gleich, im Yoga, im tibetischen Buddhismus und im Zen. Nur der Tee ist unterschiedlich. Wir im Daishin-Zen haben verschiedene Teesorten mit unterschiedlicher Wirkung.

Woran scheitern denn die meisten Anfänger?

Die meisten Anfänger in Deutschland scheitern an mangelnder Selbstwertschätzung. Hier bei uns betrifft das besonders die Frauen, weil Frauen auf der einen Seite spirituell weiter sind als Männer, aber auf der anderen Seite glauben viele Frauen tief in ihrem Innersten, dass sie nicht sie selbst sein dürfen.

Was passiert mit ihnen?

Sie beginnen mit Zen und stellen fest, dass es ihnen guttut. Und dann fahren sie nach Hause und stellen fest: Meine Kinder sind wichtiger als ich, mein Mann ist wichtiger. Das Ziel meines Berufes ist wichtiger als ich. Die Oma, die im Krankenhaus liegt, ist wichtiger. Die Fernsehsendung ist wichtiger als ich. Und so landen sie irgendwann in der Besenkammer, in der Abstellkammer.

Welchen Stellenwert sollte Zen denn haben?

Zen – so wie ich es verstehe – bedeutet, Raum und eine Zeit für sich zu finden, in der die innere Selbstwertschätzung wachsen und gedeihen kann – uneingeschränkt. Da haben Kinder, Ehemann, Beruf und all diese Dinge an zweiter Stelle zu stehen, und zwar in dem Moment, in dem der Mensch im Zazen sitzt. Nicht im Leben, aber für 25 oder 45 Minuten am Tag. Und alle profitieren davon, der Beruf, die Kinder, der Ehemann, die Ehefrau, die Oma, wer auch immer. Alles profitiert am Ende davon.

»Meditiere nicht,
um eines Tages erleuchtet zu werden.
Meditiere,
damit dein Leben jetzt reicher ist.

Meditiere beim Sitzen und Gehen,
wenn du deinen Mann umarmst,

Blumen pflückst oder dein Kind versorgst.
Meditiere,
um Freude in dein Dasein zu bringen.«

Shen-Ts'ing

Ein paar hundert Meter entfernt von hier sitzen in diesem Moment rund 30 Männer und Frauen in einem Zen-Sesshin. Und ich wette mal, die Hälfte flucht still vor sich hin und fragt sich angesichts von Fuß-, Rücken- und sonstigen Schmerzen und Beschwerden: Warum tue ich mir das eigentlich an?

Heute ist der vierte Tag, da sind sie darüber hinaus. Gestern waren sie in der Phase, die du geschildert hast. Wenn jemand sitzt und mich fragt: »Warum muss ich so streng sitzen?«, dann sage ich: »Probier's doch woanders aus. Gehe in einen Wellness-Esoterik-Kurs, setzt dich in eine Planschebadewanne, zieh dir Buddha-Musik rein, und zünde ein Räucherstäbchen an. Dann tröpfelst du dir noch ein bisschen Bach-Blüten auf die Zunge und räucherst den Raum aus. So weit, so gut – oder nicht, denn dann trennt sich dein Mann oder deine Frau von dir. Und dann? Dann ist Schicht im Schacht. Fühlst du dich dann toll, bist du gewappnet?«

Zeigt sich da der Unterschied?

Ja, das macht den Unterschied aus. Rinzai-Zen bewährt sich in allen Lagen des Lebens. Es geht um die Transformation meines Wesens und nicht um irgendwelche Beruhigungstropfen. Zur Beruhigung kann ich auch Baldrian kaufen.

Die Sache ist: Ich muss erkennen, dass ich der Wettermacher meiner Welt bin und dass ich meistens Regen mache.

Ich weiß, das ist Zen-Sprache und kein Asia-Restaurant-Spruch. Was tue ich also, wenn ich wirklich was ändern will an der Art und Weise, wie ich das Leben sehe?

Wenn ich etwas verändern will, muss ich zuallererst einmal mein Bewusstsein verändern. Und Bewusstsein zu verändern bedeutet, in eine andere Form zu kommen. Und wenn ich in einer anderen Form bin, dann kommt mein alter Widersacher und sagt, es sei doch viel schöner, fernzusehen und sieben Flaschen Bier zu trinken. Das fühlt sich ganz kuschelig an. Oder er redet mir ein, wie toll ich bin, schon halb erleuchtet.

Und wo ist genau der Unterschied zwischen der Planschebadewanne und dem reglosen Sitzen auf einem Meditationskissen im Zen?

Nein, nein, nein. Ich kann nicht in einen Karatekursus gehen, drei Stunden Karate machen, dann auf die Straße gehen, eins auf's Maul kriegen und anschließend sagen: Hey, das hat nicht funktioniert.

Kampfsportarten wie das wahre Karatedo oder Taekwondo haben zwei Ausrichtungen. Die erste ist: Ich lerne kämpfen – das ist Karate. Und »Do«, das ist die zweite Ausrichtung, heißt: Ich lerne, keinen Krieg und keinen Kampf mehr im Leben zu haben. Und genau darum geht es auch im Zen. Bis man dies im Kampfsport verwirklicht hat, wird man schwitzen, fluchen und sich gehörig anstrengen, und ein paar blaue Flecken gibt's zur Belohnung auch noch. Da ist doch ein Hauch von Zen nicht wirklich schwierig. Für Eso-Omis und Couch-Potatoes sicherlich, aber nicht für normale Menschen.

Was ist denn das Schwierige, das, was wir nicht verstehen?

Wir alle haben unsere Vorstellungen, erschaffen unsere Realität nach diesen Vorstellungen. Dass ein Mensch einfach nur dastehen und schauen kann, ist für uns eigentlich nicht denkbar, eben nicht vorstellbar. Aber darum geht's: kein Denken, kein Vorstellen, nur offene Weite von Wirklichkeit. Die Vorstellung verschwindet, das Leben hat Raum und Weite.

Takuan Soho stand auf einem Hügel
und schaute in die Ferne.
Aus einiger Entfernung sahen ihn drei Dorf-
bewohner.
Einer meinte: »Der junge Mönch da hält Ausschau
nach einem Freund.«
Der andere sagte: »Ich glaube eher,
er schaut, ob die Kraniche kommen.«
Und der dritte meinte zu wissen:
»Nein, er ist doch ein Mönch, er meditiert.«

Nach einigen Tagen trafen sie Takuan Soho auf
dem Markt und fragten ihn:
»Wonach hast du geschaut,
als du auf dem Hügel standest, nach einem Boten?«

»Nein«, antwortete der junge Dichter und Maler.
Er habe auch nicht nach den Kranichen gesehen,
auch das Meditieren verneinte Takuan.

»Aber, was hast du denn auf dem Hügel ge-
macht?«, wollten die drei schließlich wissen.

»Ich habe einfach nur geschaut«, sagte der junge
Mönch.

Zen-Geschichte

Was ist der – neudeutsch gefragt – »Mehrwert«, den ich durch Zen und Zazen erwarten und haben kann?

Der »Mehrwert« ist, dass ich mehr und mehr angemessen handele und immer angemessenere Beziehungen führe. Beispiel Partnerschaft: Es kann sein, dass meine Beziehung zu meinem Partner, zu meiner Partnerin unheilsam und unangemessen ist. Dann ist es eine traurige Geschichte, und in diesem Fall wird auch Zen mich nicht daran hindern, dass es irgendwann einmal ein Problem gibt.

Oder aber ich erkenne, dass ich meinen Partner liebe. Dann kommen zehn Jahre Ehe, dann zehn Jahre Kinder, dann kommt relativ wenig Sex, und der Mann sagt: »Du, das ist irgendwie zu wenig, jetzt brauch' ich mal was anderes.« Aber er erkennt nicht, dass die Liebe noch da ist. Und irgendwann sagt die Frau dann: »Jetzt ist mir das zu bunt«, und das Malheur ist da. Die Frau geht, und der Mann ist völlig entsetzt und bestürzt über den großen Schmerz.

Das sind Beispiele aus meiner Praxis als Zen-Meister. Das sind die wirklichen Probleme der Menschen.

Und die Essenz?

Deutlich wird, dass in diesen Fällen die Unmittelbarkeit, die Wirklichkeit verloren gegangen ist. Aber die Wirklichkeit war nicht nur Kinder und Ehe und Stress und zu wenig Sex, sondern die Wirklichkeit war auch eine Liebe, die plötzlich nicht mehr spürbar war.

An welchem Punkt genau hilft die Methode Zazen?

Das Erste an dieser Stelle ist, dass ich im Laufe der Zeit durch die Ruhe, die ich mir während der Meditationszeit erlaube, lerne, das Unheilsame vom Heilsamen zu unterscheiden. Das bedeutet auch, dass ich erkenne: Ich habe das Recht, meinen eigenen Weg zu gehen. Das heißt weiter, dass ich feststelle, dass ich auch das Recht habe, mich von unheilsamen Dingen und unheilsamen Menschen zu trennen. Und das wiederum bedeutet, dass mir das Recht zusteht, mich heilsamen Dingen und heilsamen Menschen zuzuwenden. Das Zweite fällt den Menschen meistens schwerer.

Erfahre ich, was für mich heilsam oder unheilsam ist und all das, weil der Zen-Lehrer es mir sagt?

Wenn ein Zen-Meister einem so etwas sagt, dann sollte man schnellstens wegrennen. Ein Zen-Lehrer wird sich niemals in das Privatleben eines Menschen einmischen, sondern er gibt ihm eine Methode, unmittelbar wahrhaftig zu sein – in seiner eigenen Mitte zu spüren, was gut ist für ihn. »Gut« nicht im Sinne eines äußeren Maßstabes, sondern wie eine innere Harmonie, die sich mehr und mehr mit dem Äußeren verbindet.

Du meinst, was heilsam oder nicht heilsam ist, bestimme, fühle letztendlich ich selbst?

Ja. Das ist die innere Mitte. Wer soll das sonst bestimmen?

Und trotzdem werde ich Fehler machen, weil wir in einer Welt der Täuschungen leben. Dann fall' ich auf die Nase, spüre Schmerz und bleibe trotzdem in meiner Mitte.

Aha …

… genau so: Ein Aha-Effekt eröffnet neue Möglichkeiten.

Aha, so ist das! Am Ende der Meditation wird es klarer: Warum habe ich meinen alten Freund so lange nicht mehr angerufen? Warum beschäftige ich mich so viel mit X? Mit ihm habe ich nichts zu tun, letztlich will X mir nur etwas beweisen, was weder mit ihm noch mit mir etwas zu tun hat. Vielleicht steht ja ein wunderbarer Abend mit einem alten Freund ins Haus …

Was brauche ich unbedingt im Zen?

Ausdauer, Disziplin und Kraft.

Teisho

DURCH DIE WOLKEN IN DEN BLAUEN HIMMEL

Ich will heute über das sprechen,
was die Basis bildet für unser ganzes Tun im Zen:
Zazen.
Was bedeutet eigentlich Zazen?
Was ist es für eine Form?
Wozu gibt es überhaupt diese Form?

»Za« ist einfach nur »sitzen«.
Und »Zen« ist das Synonym für das Leben selbst –
Leben in Freiheit und offener Weite, verbunden
mit Freude und Kraft und Klarheit.

»Zazen« meint also nichts anderes als »Zen im Sitzen«.

Nicht das Wesentliche kostet uns alle Kraft,
sondern das Unwesentliche drum herum.
Wie komme ich zum Wesentlichen?
Dadurch, dass ich das Wesen selber bin.

Und der Weg dazu ist Zazen.
Sitzen in Kraft und Stille.

Dieses Wesentliche, dieses Wesen ist alles.
Und das Zentrum von diesem allem bin ich selbst.

Aber das zu bezeugen und dies zu erfahren,
das ist etwas sehr Großes.

Und dieser große Weg fängt an wie jeder Weg von tausend Meilen: mit dem ersten Schritt.

Wir erleben es immer wieder selbst, mitten im Alltag, dass das, was wir in uns spüren, unmöglich ist inmitten des chaotischen Trubels, es findet keinen Raum.

Deshalb reduziert sich der Zen-Weg am Anfang
auf eine 90 x 90 cm große Matte.
Von hier aus beginnen wir Stück für Stück
unsere eigene Welt zu erobern.

Und der Satz im traditionellen japanischen Zen heißt dazu:

Von der Form in die Formlosigkeit.

Ich übe auf einem ganz kleinen und ganz einfachen Terrain in einer ganz besonderen Haltung,
die wir die innere und äußere Form nennen,
Stille und Anhalten.

Sicherlich kann man auch im Alltag in Tätigkeiten meditieren und tiefe Weisheit mitten im Alltag bezeugen.
Aber, wenn ich daraus einen Weg machen will,
dann braucht es mehr.

Einen Weg zu gehen, setzt voraus, dass etwas gehbar ist.
Sonst würde ich ja mitten durch den Wald laufen und möglicherweise in einer Hecke stecken bleiben.
Auf Zen bezogen ist der Weg am Anfang die Form,
die uns die Möglichkeit gibt,
einen Schritt auf dem Boden zu machen, einen nach dem anderen.
Der Boden ist zu Beginn eben, leicht und glatt.
Und da ist keine Felsenlandschaft,
da ist auch kein reißender Fluss – am Anfang.

Wir beginnen ganz einfach auf der Sitzmatte,
und es gibt eine bestimmte Form,
die notwendig ist, um im ganz Kleinen
erst einmal den Weg in uns aufleuchten zu lassen.

Was das bedeutet, könnt ihr euch so vorstellen:
Wenn ich Tee trinken will – heißen Tee –, dann brauche ich eine Schale, in die ich diesen Tee füllen kann.
Wenn ich keine Schale habe,
dann kann ich vielleicht versuchen,
den Tee mit den Händen aufzufangen.
Aber spätestens dann, wenn er heiß ist,
wird es schwierig.
Also brauche ich eine Schale,
um Tee zu trinken.
Und das ist der Sinn dieser Form.

Form – Za, das Sitzen –
Inhalt – Zen, das Leben –

sind nicht das Gleiche,
und sie dürfen nicht verwechselt werden.
Die Form ist kein Selbstzweck.

Die Form des Zazen,
so wie wir sie üben,
hat den Sinn,
sich zu öffnen für den inneren Weg.
Sich zu öffnen für die spürbare klare innere Linie,
die vor uns liegt – ohne Zweifel.

Man kann am Anfang nicht mitten im Chaos ansetzen und sagen, jetzt versuche ich mal, in mich reinzuhören. Ihr könnt nicht mitten im Bahnhofsgewühl in euch gehen, das geht am Anfang nicht.

In dem Augenblick, in dem wir anfangen,
einmal wirklich auf unsere inneren Gefühle zu achten,
sie zu hören,
ihnen einen Raum in unserer Wirklichkeit zu geben,
in diesem Augenblick erahnen wir,
welches Potenzial wirklich in uns steckt,
wir sehen den Schimmer des Lichts unseres Herzens.

Aber da sind dann ganz schnell auch andere Gefühle, Bedürftigkeiten und auch hier und da vielleicht eine Weisheit. Das alles vermischt mit einer unglaublichen Menge von anderem: Ängste, Wut, Neid, Enttäuschung und vieles mehr.

Und deshalb müssen Klarheit und Wesentlichkeit
am Anfang in einem einfachen, abgesteckten Feld
erfahren werden,
bevor ich überhaupt den Weg des Zen
in der Welt beschreiten kann.
Erst kommt das Sitzen, dann kommt das Gehen, dann kommt das Sprechen, und dann erst kommt das große turbulente Feld der Welt selbst.

Ein Seite des Zazen, des Sitzens in Kraft und Stille,
ist die Stille.
In diesem Fall ist die Stille die »leere Schale«,
die gefüllt werden will.
Eine Stille, die offen ist für das große,
über uns hinausgehende wesentliche Wesen.

Diese Stille, das Stillwerden,
ist also der eine Aspekt der Form.

Wenn ich auf meiner Matte sitze, auf einem Bänkchen oder einem Kissen und nicht still bin, weil zum Beispiel der Körper ruckelt, weil ich meine Nase kratzen muss oder mein Ohr juckt, dann wird diese Schale nicht leer sein, und ich habe keine Form.
Das Gleiche gilt aber auch für Emotionen – »jetzt habe ich keine Lust« und so. Und wenn ich dem auch nur ein bisschen nachgebe, dann, auch dann ist die Schale voll.

In der Meditation, im Zazen, erkenne ich mit der Zeit,
dass die Emotionen, die ich habe, leer sind.

Je nachdem, wie stark diese sind, braucht es länger oder kürzer. Ebenso gibt es immer wieder Herausforderungen, auch für Fortgeschrittene und Meister.
Unabhängig davon muss
ich einfach nur in der Stille bleiben,
dann kommen und gehen die Emotionen wie Wolken,
wie die Sonne am Himmel, die auf- und untergeht.

Ich bin trotzdem in Stille.
So durchstoße ich die Wolkendecke und
sehe den weiten, blauen Himmel.

Das Gleiche gilt auch für die Gedanken.
Ich sitze in der richtigen Form,
aber es denkt und denkt und denkt,
ich gehe in jedes kleine Ding hinein und baue es aus,
drehe mich nach links und rechts,
komme vom Stöckchen aufs Hölzchen,
auch dann ist da kein freier Raum.
Erst wenn ich durch diese »Wolken« hindurchdringe,
dann öffnet sich die Weite in mir.

Die Haltung,
die rechte Haltung und
die Übung nachher –
sie gemeinsam öffnen diese Stille.
Sie öffnen diesen Raum der Stille.
Zazen – Sitzen in Stille.

Den Körper stillzuhalten,
ist der erste und wichtigste Schritt.
Dann, durch die Übung,
kommen erst die Gedanken
und dann auch die Gefühle
mehr und mehr zur Ruhe.

Es gibt noch einen weiteren Grund für die Form.
Wir könnten natürlich in allen möglichen Körperhaltungen in Stille sein – ja, warum genau diese?
Warum ist es notwendig, dass die Knie tiefer sind als die Hüfte, der Rücken gerade und entspannt, die Schultern locker und vor allem die Hände unter dem Bauchnabel zusammengelegt?
Der Kopf gerade, weder nach oben noch nach unten.
Die Augen entweder geschlossen oder halb offen,
den Blick auf den Boden gerichtet.
Das ist der zweite Aspekt.
Das ist die Kraft. Die Energie.

Sitzen in Kraft und Stille.
Das ist das Gemeinsame.
Das ist der Weg.

Unser Körper wird bestimmt durch die Lebensenergie.
Sie ist nicht nur ein psychisches Element,
das wir subjektiv wahrnehmen:
Ich fühle mich
erschöpft und schwach und kraftlos
oder voller Energie!

Sie ist darüber hinaus eine Energie, die jede Zelle
unseres Körpers belebt, durchströmt,
also unsere gesamte Grundvitalität bestimmt.

Es gibt diese Grundhaltung,
die diese Kraft begünstigt, im Zen und schon seit Buddhas Zeiten.
Bei dieser Haltung sind die Knie tiefer als der Bauch und der Rücken ist gerade, wie ich es eben beschrieben habe.

Wir finden dieses Grundprinzip auch im Yoga –
der Lotussitz folgt dem gleichen Prinzip –
wie auch in anderen Haltungen Asiens.
Wir verwirklichen dieses Prinzip am besten auf dem Sitzbänkchen oder einem dicken Kissen.
Einige sitzen burmesisch auf halbrunden Kissen.

Wenn sich der Körper in dieser rechten Haltung befindet,
sammelt sich von alleine viel von dieser Energie im
Unterbauch – im Energiezentrum des Menschen,
im Hara,
unter dem Bauchnabel.

So entsteht eine Synthese von Stille,
von Stillhalten, Stillwerden auf der einen Seite
und Energie, Kraft auf der anderen Seite.

Wir fangen an, zu wachsen.
Unser Körper leuchtet auf.

Wir spüren diese Kraft in dieser Stille,
die gleichzeitig Offenheit ist.
Und eine Stille, die gleichzeitig Klarheit ist.
Weite.

Und mehr und mehr, Stück für Stück – am Anfang ganz kleine Wege, ganz kleine Schritte – kommen wir von der Sitzmatte, vom Zazen ins Zen, ins Leben selbst. Wir kommen zum Wesentlichen, zum Wesen.

Am Anfang ist es für den Anfänger wichtig zu wissen:
Ohne die Sitzform,
ohne die Meditationsform des Zazen,
ist dieser Weg äußerst schwierig.
Fast gar nicht zu bewältigen.
Gerade in der heutigen Zeit mit ihren Bedingungen.

Später dann, umso länger man ihn geht,
lasst ihr vielleicht die Form los.
Und dann öffnet sich mitten im Leben etwas ganz Neues – Freiheit.

Aber immer wieder wird es Herausforderungen geben, und immer wieder kehren wir zurück in diese Form, und deshalb üben sich auch die alten Meister
immer wieder neu in dieser Haltung.

Stille und Kraft sind die Rahmenbedingungen,
die Form, die Schale, die Zazen ausmachen und
uns ermöglichen, köstlichen Tee zu trinken.

Auszuharren, anzuhalten,
bis in dieser Schale etwas aufleuchtet.
Und das ist euer Wesen!
Wunderbar.

Lasst uns diesen Weg gemeinsam gehen.
Schritt für Schritt.

Wir wissen nicht, wie lange dieser Weg dauert.
Wir wissen nicht, von welcher Form und
welchem Inhalt dieses Wesen ist.
Das wisst ihr selbst.
Mehr und mehr.

Das ist der Raum,
den ich inmitten einer Welt,
die mich immer mehr von mir wegbringt,
erschaffe, um wieder selbst zu sein.

Täglich,
jeden Morgen Zazen.

WER SICH KENNENLERNT, RÜHRT AN VERBORGENEN GEFÜHLEN

Um in Stille zu sein, muss ich still sitzen, einfach so, richtig?

Ja, genau so!

Und das heißt Meditation?

Meditation heißt auch Versenkung. In der Meditation versuchen wir, auf unterschiedlichen Wegen zu uns selbst zu kommen, uns selbst erst zu erforschen, dann zu erkennen.

Reicht es nicht, wie bei anderen Meditationsübungen bequem in einem Sessel zu sitzen oder sogar auf einem Bett zu liegen, dann die Augen zu schließen, sich zu konzentrieren oder was auch immer?

Und dann einzupennen?

Als ich 1986 in einem Hotel in Hannover mit dem in New York lebenden und lehrenden Rinzai-Zen-Meister Eido Shimano Roshi saß, da stellte ich ihm die gleiche Frage. Daraufhin hat er sich ganz bewusst in den Clubsessel gelümmelt, die Füße auf den Tisch gelegt und dann gefragt: »Sitzen Sie bequem?« Und ich sagte: »Ja, ich sitze ganz bequem«, woraufhin er sagte: »Jetzt sitzen wir sechs Stunden und bewegen uns nicht mehr.« Dann wird diese bequeme Sitzhaltung irgendwann zur Hölle, wie viele andere bequeme Sitzhaltungen zur Hölle werden – wie vieles allzu Bequeme leicht zur Hölle werden kann. Wenn ich beispielsweise dauerhaft im Fernsehsessel sitze, dann wird auch irgendwann diese Sitzhaltung – und nicht nur diese – die Hölle werden.

Warum ist das in der Zazen-Haltung nicht so?

Die Zazen-Haltung ist eine Form der inneren Harmonie, in der erstens der Körper von sich aus in eine Stille und zweitens die Lebenskraft des Körpers in eine Ausgewogenheit kommt. Das bedeutet auch, dass das ständige Wirbeln der Energie, was ja die Gefühle ausmacht, ebenfalls zur Stille kommt.

Es geht also darum, dass die Energie so frei wie möglich fließen kann?

Ja, genau darum geht es. In dieser Form hat die Wirbelsäule eine Haltung, in der sie in sich ruhen kann. Wenn ich sozusagen in der »Yogurette-Ästhetik« oder »Wellness-Esoterik-Form sitze«, wo die Beine gekreuzt und die Knie hoch sind und die Hände da so gemütlich draufliegen, dann brauche ich eine starke Rückenmuskulatur. Denn nach 20 oder 19½ Minuten setzt der große Rückenstrecker aus, und die Haltung wird einfach eine Qual, weil der große Rückenstrecker sagt: »Ich habe keine Lust mehr, deinen krummen Rücken zu halten.« Und das wird er uns sehr nachdrücklich klarmachen.

Gibt es noch eine andere Haltung, in der die Energie optimal fließt?

Grundsätzlich ist das jede Haltung, in der im Körper die Energie – das Qi, so wie es im Chinesischen heißt, oder Ki, wie die Japaner sagen – fließen kann. Es gibt eine Haltung des Stehens, die optimal ist, die Qigong-Leute sind da sehr weit. Eine optimale Haltung des Sitzens ist der Lotos-Sitz, bei dem die Beine ineinander verschränkt sind. Diese Sitzhaltung kennt jeder, Yogis sitzen oft so, auch Buddha-Figuren werden in dieser Sitzposition gerne dargestellt. Wir haben aber bemerkt, dass es sehr schwer für Menschen im Westen ist, so zu sitzen. Deshalb haben wir eine Haltung entwickelt, die es jedem möglich macht, längere Zeit still zu meditieren, nämlich das Sitzen auf einem Bänkchen. Bei dieser Haltung wirkt das gleiche energetische Prinzip; das Qi kann fließen.

Also ist das, was im ersten Moment als streng, starr, als schwierig angesehen wird, letztlich dann das Leichte?

Ja. Es ist gar nicht streng. Im Yoga-Dharshana des Patanjali, einer großartigen Schrift, steht, die Sitzhaltung sollte fest und angenehm sein. Genauso ist man im Zen bestrebt, eine feste und angenehme Sitzhaltung zu entwickeln. Nur ist das natürlich wie eine Übung. Wenn ich zum Beispiel in einen Kursus gehe und Tennis spielen lerne oder an einem Marathontraining teilnehme, dann werde ich zunächst mal Muskelkater haben. Man muss erst die Form des Marathons entwickeln oder die Form,

Tennis zu spielen. Was für einen Sport ich auch mache, ich muss seine Form einüben. Es gibt eine »Tennisform«, und es gibt eine »Marathonlaufform«. Die übe ich ein, und so ist es in unserem Zen auch.

Besonders Anfänger fragen häufig, ob Meditation gefährlich ist. Überall wird gewarnt und darauf hingewiesen, dass der Mensch eine gute physische und psychische Gesundheit haben soll, wenn er mit Zen beginnen will. Was kann denn passieren?

Also, Meditation als gefährlich zu bezeichnen ... Für eine »gefährliche Meditation« muss man schon ganz schön viel Unsinn machen. Es gibt kaum Zen-Übungen, die gefährlich sind, aber es ist wichtig, dass man gesund ist. Wenn ich einen Marathon laufen will, dann brauche ich eine gesunde Kniescheibe. Wenn ich einen kaputten Meniskus habe und mit dem Marathonlaufen anfange, dann ist das nicht gut für die Kniescheibe. Wenn ich einen Bandscheibenvorfall habe, sollte ich kein Zen machen, sondern ich sollte erst mal beim Osteopathen checken, wo mein Problem liegt. Und dann, wenn ich das im Griff habe, kann ich die Ursache des Bandscheibenvorfalls, die ja meist psychosomatisch ist, durch Zen auflösen.

Also keine »Risiken und Nebenwirkungen«?

Vom Zen-Standpunkt aus gesehen sollte man körperlich stabil sein, also keine kaputten Knie und keinen kaputten Rücken haben. Wenn das der Fall ist, sollte man sich erst mal darum kümmern. Aber wie gerade gesagt, ist Zen dann in der Lage, später die Ursache aufzulösen. Das Gleiche gilt auch für die Psyche. Das heißt, wenn ich in der Kindheit ein schweres Trauma erfahren habe, dann muss ich mich, bevor ich diesen Zen-Weg gehe, mit dem Trauma auseinandersetzen.

Und woher weiß ich, dass ich ein Trauma habe?

Ich muss ein Gespür dafür entwickeln. Denn ich werde irgendwann, unabhängig von Zen-Meditation, mit diesem Trauma konfrontiert werden. Natürlich neigen wir dazu, auszuweichen. Aber es gibt heutzutage in der Psychologie viele großartige Therapien, die dort sehr gut wirken können.

Eine innere Fehlhaltung aus jugendlicher Zeit, aus kindlicher Zeit führt bei vielen Menschen – über lange Zeit erst mal unsichtbar – zu einer höheren Disharmonie, die sich plötzlich, schlagartig mit 30 oder 40 in eine Depression öffnen kann. Und man weiß dann oft gar nicht, wo die herkommt.

Muss ich das wissen, bevor ich mit Zen beginne?

Nein. Aber wenn man in einer Therapie ist, dann sollte man mit seinem Therapeuten darüber sprechen, ob die Zen-Übung jetzt gut ist. Und Zen ist sicher von allen Meditationsformen, die es so gibt, am ungefährlichsten, da sie immer den Menschen erdet. Sie führt in die Welt hinein. Meditationsformen, die aus der Welt hinausführen, bestimmte hinduistische Techniken, besonders im Tantra, können gefährlich sein. Aber das Zen ist das Gegenteil, es richtet sich immer in die Welt hinein. Es kann auch sein, dass der Zen-Meister einem eine Therapie parallel zum Zen empfiehlt. Selten rät er vom Zen ab und setzt eine Psychotherapie voraus, bevor der Zen-Weg beginnt. Aber manchmal gibt es auch so etwas.

Also: Meditation ist nicht gefährlich?

Meditation ist nicht gefährlich, wenn sie geerdet ist – so wie es im Zen der Fall ist.

Und was bedeutet es, geerdet zu sein?

Geerdet zu sein bedeutet, mit der Erde, mit unserer Welt, mit dem Boden verbunden zu sein. Wenn ich mich mit Hilfe von Esoterik aus dem Leben schleichen will, bekomme ich irgendwann ein Problem und gehe am Sinn des Lebens selbst vorbei.

Was heißt das konkret?

Also: »Erdung« meint traditionell die Einheit von Körper, Energie und Geist. Im Zen wird die Spanne von Welt, Materie, Körper, Sinnlichkeit, materieller Bedürftigkeit auf der einen Seite und Geist, Streben nach Freiheit, Unabhängigkeit, Heil und Heiligkeit auf der anderen Seite durch die Energie, die Lebenskraft, verbunden, geeint.

Die Übung von Hara, der Energie- und Erdmitte des Menschen, ist ein Weg, zu erkennen, dass diese unsere Welt die Bestimmung ist, in der sich Herz, Freiheit und die große Sehnsucht erfüllen.

Materie, Welt, Körper, Sinnlichkeit sind die Tore zur Ewigkeit, die alles hier Genannte auflösen. Alle Vorstellung verschwindet, und Wirklichkeit und Wahrhaftigkeit sind einfach da.

»Kahle Zweige und kühler Wind, Wassertropfen fallen herab. Wo bin ich, wenn ein Vogel singt?«

Das ist ein Koan, also nichts, was mich mit Hilfe des Verstandes weiterbringt. Aber was hat das alles mit Esoterik zu tun?

Gefährlich wird es immer dann, wenn ich versuche, mit Meditation irgendwo hinzukommen, an einen Ort außerhalb der Wirklichkeit, an einen vorgestellten Ort, eine Über- oder Hinterwelt. Dann gehe ich in eine leidvolle Gedankenfalle. Und obwohl ich vielleicht alles Mögliche erfahre, stelle ich irgendwann fest, dass ich genauso weit bin wie der Mann, der an der Eckkneipe seinen Kummer wegsäuft. Viele Formen der selbstgebastelten Esoterik sind eine Art Selbstbetrug, und letztlich ist Wirklichkeitsflucht immer gefährlich.

Seriöse spirituelle Richtungen, die auf alten Traditionen beruhen, gehen in die entgegengesetzte Richtung. Sie gehen in Richtung Wirklichkeit. So auch das japanische Zen.

Und wodurch zeichnen sich die »seriösen« Richtungen aus?

Zen-Meditation führt immer in die »wahre« Welt hinein. Dies ist heilsam, freudvoll, weil wir einen gewaltigen Verbündeten gewinnen, den wir sonst meist bekämpfen: das Leben selbst.

Zen-Meister Hakuin sprach einmal in der Woche
für alle Bewohner des Dorfes,
in dem sein Tempel lag, über den Zen-Weg.
Zu jedem dieser Vorträge kam auch eine alte Frau.

Eines Tages sprach der Zen-Meister über
das »wahre Herz«, das alles und überall ist.
Die Frau dachte bei sich,
das kann ja nicht schwer sein.
So richtete sie ihre Aufmerksamkeit,
wie vom Meister beschrieben,
jeden Moment auf dieses eine Herz.
Beim Äpfelernten im Garten, beim Waschen
und beim Kochen, beim Spazierengehen,
wie auch beim Schleppen der Reissäcke.

Eines Morgens, als sie einen großen Topf
scheuerte,
war es da, das eine Herz, das alles ist.
Begeistert schleuderte sie den Topf in die Ecke

und rannte zu Hakuin,
der gerade mit Mönchen Tee trank.
»Ich habe das eine Herz, hier jetzt!«, rief sie.
»Offen, licht, hell«, ergänzte sie
und setzte sich direkt vor den Meister.

Der sah sie an und fragte:
»Und was ist mit einer stinkenden Jauchegrube?«

Da packte die alte Frau den Meister,
schlug ihm auf den Kopf und rief:
»Du alter Knacker, hast nichts begriffen.«
Drehte sich um und ging,
während Hakuin sich vor Lachen schüttelte.

Zen-Geschichte

Wenn ich mit der Meditation angefangen habe, mich morgens auch die 25 Minuten auf das Kissen setze und mich redlich bemühe ... wie merke ich denn, dass mein Geist still wird?

Hm, es ist sehr schwer, darauf zu antworten. Aber ich kann versprechen, dass derjenige es merkt. Wenn ich jetzt erzähle, wie, dann erzähle ich von mir und werde damit vielleicht zu einem Hindernis, denn jeder Mensch macht eine andere Erfahrung. Und wie soll ich jemand anderem erzählen, was Liebe ist? Jeder empfindet sie anders. Das ist auch das Besondere, das Individuelle bei westlichen Menschen.

Trotzdem die Frage: Liebe – das kann ich noch verstehen, dass Liebe jeder Mensch anders fühlt, aber Stille? Stille ist doch eigentlich das Nichtvorhandensein von Lauten, von Geräuschen?

Nein, eben nicht. Das ist ein ganz wichtiger Punkt: Man glaubt, dass die Stille damit zu tun hat, dass es ruhig ist. Da müsste ich ja ausschließlich mit schallisolierten Fenstern meditieren, am besten in einem Tonstudio bei null Dezibel. Sicher, es ist schwer, neben einem Presslufthammer zu meditieren. Noch schwieriger ist es neben zwei plappernden Leuten. Das ist etwas für Fortgeschrittene.

Was zeichnet dann die meditative Stille aus?

Dies ist ein Beispiel für Stille: Wenn ich in der Natur bin und statt über irgendetwas zu reden, was zum Beispiel gestern im Fernsehen lief, dastehe und dem Vogel zuhöre, der im Baum singt. Wenn ich mein Herz höre durch das Rauschen des Windes in den Blättern und den Vogel, der dann aufgeschreckt nach oben fliegt. Oder wenn ich das leichte Bewegen der Wellen am Strand spüre. Das ist Stille. Geräusche gehören zur Stille. Die Geräusche in meinem Kopf, die Gedanken und Gefühle werden zu Stille. Und dann ist ein Moment der Stille da, und ich halte inne. Und wenn ich innehalte, dann verwandelt sich diese Stille noch mal in eine größere Tiefe – das ist etwas ganz Wunderbares.

Ist das auch das, was man den Klang oder auch den Ton der Stille nennt?

Ja, das ist der »Klang der Stille«.

Kannst du ihn beschreiben, diesen Klang, diesen Ton?

Nein, kaum. Ich kann Dürckheim zitieren, der es, wie ich finde, treffend beschrieben hat.

»Auch mitten im Lärm ertönt die Stille des Seins,
tönt ihren ewigen Ton.
Kein menschliches Ohr kann ihn hören.
Doch ihn zu hören:
Das ist es.
Nicht dort schon,
wo der Lärm der Welt einmal schweigt,
ist die Stille des Seins.
Es hängt an der Weise zu hören,
ob man in der Stille der Welt
oder auch mitten im Lärm der Menschen
die Stille des Seins vernimmt.«

Karlfried Graf Dürckheim

Wie lange dauert es denn, bis ich an diesen Punkt komme?

In Japan ist es so, dass man traditionelle Sesshins macht, die sieben Tage dauern. Und in diesen sieben Tagen kriegt man eine tiefe Idee. Da es für einen Anfänger sehr schwierig ist, sich auf sieben Tage einzulassen, gibt es die Möglichkeit, sich auf bestimmte Bereiche des Zen zu konzentrieren wie zum Beispiel auf das Thema Kraft, Energie. Auch an einem Wochenende nimmt man eine *kleine* Idee, sich einer Kraft unmittelbar zu öffnen, mit.

Wann und woran merke ich, dass die Meditation wirkt? Merke ich das selber?

Also, das ist auch sehr unterschiedlich. Es kann schon in der ersten Minute der Begegnung mit dem Meister sein, dass ich eine Wirkung spüre. Es gibt andere Menschen, die sehr lange brauchen, es zu spüren. Das hängt von dem Panzer ab, den ich mir umgehängt habe.

Gibt es Hilfe für diejenigen, die einen dicken Panzer um sich haben?

Es gibt Menschen, die sehr transparent sind und schon eine sehr hohe Durchlässigkeit haben. Es gibt Menschen, die sich aus verschiedenen Gründen abgepanzert haben, bei denen dauert es ein wenig länger. Aber dazu haben die Meister beispielsweise Vorschlaghämmer, so dass der Schlag auch durch den Panzer kommt. Man muss eben unterscheiden und kann nicht bei jemandem, der sehr sensibel ist, mit dem Vorschlaghammer loslegen. Da reicht vielleicht einfach nur ein kleines Glöckchen, ein Pling, damit ein Herz aufleuchten kann. Der Lehrer muss aufpassen, dass er immer das geeignete Mittel hat. Das betone ich immer wieder. Zen ist ein individueller Weg.

Ja, Zen ist individuell. Doch was ist das Ziel, wenn ich es so nennen kann?

Anders ausgedrückt, es geht darum, dass kleine Strömungen im Fluss erst zu Wellen und letztlich zum Ozean selbst werden. Der Fluss fließt, erreicht einen See, einen Weiler, da gibt es Tümpel, alte Flussarme, verschilfte Ecken und von Strudeln durchsetzte Tiefen. Das heißt, da gibt es für den Menschen kein Wachstum, er kann sich dort nicht entwickeln. Er bleibt stehen – weil es entweder zu statisch oder zu bewegt ist. Es geht immer nur im Kreis, oder das Wasser steht still, wird sumpfig und modrig. Die Folge: Das Leben stagniert.

Das ist Stillstand, was passiert dann?

Erst wenn wir es schaffen, uns wieder mit dem Fluss zu verbinden, eine kleine Welle zu werden, die in der Mitte des Flusses in Richtung Meer plätschert, dann verändern wir uns, und damit verändert sich auch unser Leben. Es verwandelt sich, wir verwandeln uns. Und eines Tages erreicht dieser Fluss, diese Welle, das Kräuseln auf der Wasseroberfläche, jeder Tropfen das große Meer und löst sich auf, wird eins mit diesem Meer. Ich bin der Ozean, frei, ewig und von leuchtender Weite. Wunderbar! Und für uns Menschen gilt: Wir sind in jedem Moment Tropfen, Welle, Strudel, Tümpel, Fluss oder eben auch weiter Ozean. Es liegt an uns!

Was symbolisieren der Ozean, das Meer, die Welle?

Der Ozean oder auch das Meer ist ein Sinnbild für die Summe aller Dinge dieser Welt, verbunden in großer Harmonie, für die Einsicht in Wesentlichkeit, in das Wesen von allem und mir. Es bedeutet, nach Hause zu kommen, mitten in dieser Welt. Und dahin führt nur ein Weg: Zazen.

Das ist sehr schön. Was genau passiert in der Meditation? Viele, die mehr oder weniger regelmäßig meditieren, berichten von irgendwelchen Licht- und Klangerlebnissen und überhaupt von ungewöhnlichen Erlebnissen und Erscheinungen.

Viele dieser Menschen machen sich wichtig. Im Zen geht es nicht darum, das Ego zu erhöhen – das ist meine Kritik an der sogenannten Wellness-Esoterik, die darauf abzielt, mit irgendwelchen tollen Geschichten sonst wohin zu gehen, sein Ego zu stärken und sich besser zu fühlen als andere. Im Zen geht es um das genaue Gegenteil, um Demut. Deshalb ist Zen auch so nah am Christentum. Umso näher ich Gott komme, umso tiefer ist meine Demut in den Dingen, die ich tue.

Aber du sagst, Zen sei keine Glaubensrichtung. Was hat Zen denn dann mit Gott zu tun?

Indirekt: Buddha zeigt den Weg nach innen. Und das, was die Menschen dann entdecken, nennen einige Gott, andere Geist, auch Großer Geist oder Absolutes, wieder andere Nichts, noch andere nennen es Leere. Es gibt viele Begriffe für das Eine.

»Das ewige Leben basiert auf einer ewigen Wahrheit,
auf dem »Absoluten«,
das in jedem Teil der Schöpfungsmatrix enthalten ist.
Die Strukturen der Wahrheit
sind in sich vollkommen
und drücken sich in jeder Zelle deines Wesens aus.
Gleichzeitig sind diese individuellen Strukturen
Teil eines größeren Ganzen,
sie sind Teil des universellen kosmischen Gesetzes.
Die Lebenskraft ist in ihrer Existenz ewig,
holographisch und wiederkehrend.
Die Unzerstörbarkeit von Bewusstsein
ist das Gesetz der Schöpfung.
Man kann Wahrheit nicht »rückgängig« machen.
Dies ist die Botschaft der uralten Schriften –
die Basis aller Religionen …

»Dein Selbst, deine Essenz, ist etwas Ewiges
und befindet sich jenseits von Angst, Ego
und allen ›Störfrequenzen‹ dieses Erdenlebens.«

Gregg Braden

Ich nehme diesen Apfel, beschreibe seine Farbe, seine Form. Ich beiße hinein, kann sagen, ob er süß, säuerlich oder muffig schmeckt, doch seinen wirklichen Geschmack kann ich eigentlich nicht beschreiben. Ist das auch so mit der Unbeschreibbarkeit des Absoluten, des Seins?

Die Wissenschaft weiß immer eine Antwort auf die Frage »Was ist das?«, sie beschreibt die Dinge. Aber wenn kein Objekt vorliegt, nichts da ist, was ist dann die Antwort?

Gibt es irgendetwas, womit man diese Erfahrung des Seins kennenlernen, üben kann?

Ja, sicherlich. Es gibt natürlich Übungen. Und die Übungen des Zen zielen beispielsweise darauf ab, in diese Erfahrungen hineinzukommen. Es ist nur sehr schwer, diese Übungen über ein Buch zu vermitteln. Bücher vermitteln Glauben und Konzepte. Und wenn ich an die Grenzen von Glauben, Konzepten und Ideologien komme, kommt auch das Buch an seine Grenze. Dann muss man den Lehrer persönlich danach fragen.

»Der Regen hat aufgehört,
die Wolken sind weggezogen,
und der Himmel ist wieder klar.
Wenn dein Herz rein ist,
dann sind alle Dinge deiner Welt rein.
Gib diese vergängliche Welt auf,
gib dich selbst auf.
Dann werden der Mond und
die Blumen dir den Weg weisen.«

Zen-Meister Ryokan

EIN ZEN-MEISTER IST WIE EIN BERGFÜHRER

Wie finde ich den richtigen Lehrer?

Wenn du ihn triffst, dann weißt du das.

Wie lange meditiert ein Zen-Meister am Tag?

Privat übe ich für mich etwa 90 Minuten. So aus Freude heraus. Um den Weg weiterzugehen und zu forschen, kann es sein, dass ich auch schon mal zwei, drei Stunden sitze.

Und wenn du da auf deinem Bänkchen sitzt – machst du dann die Augen zu und bist du sofort in der Meditation?

Das kommt darauf an, wie es mir so geht.

Es kommt also vor, dass auch ein Zen-Meister Probleme hat, in die Meditation zu kommen?

Also, ich würde das nicht Probleme nennen. Es ist einfach so, dass wir in unterschiedlichen Zuständen sind. Niemand lebt in einem permanenten Zustand von Harmonie. So ist die Welt nicht. Wir sind auf einem Weg. Und eigentlich gibt es gar keine »Zen-Meister«. Jedenfalls sollte es die nicht geben, wenn man darunter jemanden versteht, der etwas erreicht hat, der etwas abgeschlossen hat.

Was zeichnet dann einen Zen-Meister aus?

Du kennst das Matterhorn, den höchsten Berg der Alpen, etwa 4500 Meter hoch? Der Traum deines Lebens ist, das Matterhorn zu besteigen. Dann wirst du, wenn du als Norddeutsche darin keine Erfahrung hast, dort in der Schweiz jemanden suchen, der erstens vertrauenswürdig ist und zweitens – noch wichtiger – mehrmals auf den Berg gestiegen ist. Vielleicht solltest du auch jemanden kennen, der gut ist für Fortgeschrittene, und einen, der für Anfänger gut ist.

Also suchst du jemanden, der auf der Spitze des Berges war und dem du vertraust. Und dann kraxelst du los. Nicht mehr und nicht weniger. Ob man deinen Begleiter »Meister« oder »Bergführer« nennt, das ist einerlei. Auch wenn dein Bergführer das Matterhorn in seinem Leben schon 50-mal bestiegen hat, ist es durchaus drin, dass auch er auf einen Stein tritt und hinfällt. Außerdem wird es immer wieder neue Herausforderungen geben, je weiter ihr auf dem Weg seid.

Und wie ist das im Zen?

Im Zen ist das ganz ähnlich. Entscheidend ist, dass die anfänglichen Herausforderungen, die großen, unheilsamen Dinge zu bewältigen, immer milder werden. Und die Welt um mich herum wird in immer größere Harmonie und Schönheit kommen. Aber das ist nicht das Ende. Immer wieder werden auch neue Herausforderungen auftreten.

Was ist der Unterschied zwischen einem Lehrer und einem Meister?

Ein Lehrer kann dir beibringen, wie Sanskrit richtig ausgesprochen wird, wie die richtige Haltung beim Zazen ist, er kann dir erzählen, wann Buddha die Erleuchtung realisierte, wie er das tat und vieles mehr. Ein Meister jedoch tut meistens nichts davon, er muss es genau genommen nicht mal wissen. Aber er zündet in dir ein kleines Licht an. Er tut das so, wie man mit einer brennenden Kerze eine noch nicht brennende Kerze anzündet. Oder bohrt ein kleines Loch in dein Herz, damit da hindurch Licht in dich fällt. Licht, das dir hilft, dich selbst zu erkennen. Licht, das dich erwachen lässt. Es ist wie ein Kaminfeuer. Ein brennendes Scheit legt sich an ein rohes Stück Holz und bringt es über kurz oder lang zum Brennen. Genau das ist auch die Aufgabe des Meisters.

Das heißt jetzt aber nicht, dass Zen-Lehrer nicht auch diese Fähigkeiten haben. Im Grunde kann sogar jeder Mensch ein Zen-Meister sein.

Und woran erkenne ich den wahren Meister?

Diese Frage wird oft gestellt.

Klar, ist ja auch eine spannende Frage. Also, woran erkennt man ihn?

Dadurch, dass du dich selbst erkennst.

Einem jungen Mann gehörte eine Figur aus Ton,
die sah zwar braun und schlammig aus,
er war aber fasziniert von ihrer Anmut.
Der Mann wollte so viel Geld besitzen,
um diese Figur zu vergolden,
so dass sie in strahlendem Glanz dastehen würde.

Die Jahre vergingen, dann hatte er genug Geld verdient,
um die Figur mit Gold zu überziehen.
Seine Freude dauerte aber nicht lange,
denn die Vergoldung bekam Risse
und blätterte hier und da wieder ab.
Der junge Mann musste also immer wieder Geld investieren, um die Figur neu vergolden zu lassen.

Eines Tages besuchte er seinen Großvater
und zeigte ihm die Figur.
»Wie schön, du hast sie also«, sagte er nur.
Dann wischte er mit einem feuchten Tuch an den Stellen,
an denen das Gold mal wieder abgeblättert war,
die braune Tonschicht ab.

»Weißt du«, sagte er zu seinem Enkel,
»vor vielen Jahren ist diese Figur
mal in den Schlamm gefallen.
Seitdem ist sie so braun,
doch ursprünglich war sie aus reinem Gold.
Und sieh her! Wenn wir nun die Schlammschicht
abwaschen, dann leuchtet sie wieder golden und
in alter Pracht.«

Der Mann war völlig verblüfft,
langsam dämmerte ihm, dass er sich die Kosten
und die Zeit, um diese Figur zu vergolden,
hätte sparen können.
Unter der Schlammschicht war sie
immer aus reinem Gold gewesen.

Zen-Geschichte

Kann ich den Weg nicht auch alleine ohne Lehrer gehen, es gibt doch Bücher, Kurse, Internet …?

Diese Frage wird auch oft gestellt. Ich finde, eine gute Antwort, der ich mich leicht anschließen kann, hat Chögyam Trungpa Rinpoche gegeben – er war einer der wichtigsten Wegbereiter des tibetischen Buddhismus im Westen Mitte des vergangenen Jahrhunderts. Also Trungpa wurde ebenfalls gefragt, ob er es für möglich halte, ohne Hilfe eines Lehrers die Dinge zu sehen, wie sie sind, sich selbst so zu sehen, wie man ist. Er antwortete klar und unmissverständlich: »Das halte ich für ganz und gar unmöglich. Man braucht einen spirituellen Freund, um sich selbst hinzugeben und völlig zu öffnen.« Dann wurde er weitergefragt, ob dieser Freund ein lebendiges und menschliches Wesen sein müsse. Wieder eine klare Antwort von Trungpa: »Ja, denn jedes andere ›Wesen‹, mit dem man glauben könnte, in Verbindung zu stehen, wäre imaginär, eine Sache der Einbildung.« Auch schriftlich fixierte Lehrer klammert er als »Lehrmeister« aus: »Wie alle Lehren ... können auch sie der Einbildung dienen. Das Problem liegt darin, dass wir sie uns selbst zurechtdeuten können, denn schriftlich aufgesetzte Lehren sind immer der Interpretation des Ego ausgesetzt.«

Gut, also vertraue ich mich dem Meister, dem Lehrer an. Er ist der Bergführer, ein Lotse. Was ist er noch?

Zunächst unterstützen drei Dinge den Schüler auf seinem Zen-Weg:

1. Seine ganz persönliche tägliche Übung, der »Weg des Buddha« genannt.
2. Die Begegnung und der vertrauliche Austausch mit dem Meister, der »Weg des Dharma« genannt.
3. Der Weg mit Freunden, die ihn unterstützen und den gleichen Weg anstreben, der »Weg der Sangha« genannt.

Dies nennt man in Asien die »Drei Kostbarkeiten«:

Buddha: Ich versuche aus eigener Kraft, diesen Weg zu

mir, zu unbedingter Freiheit und Herzweisheit zu vollenden.

Dharma: Ich übe mich darin, die Wirklichkeit von mir, meiner Welt und meinem Herzen zu ergründen und nichts dazwischenzulassen.

Sangha: Der Weg mit Freunden – ich versuche, durch den Zen-Weg für mich und mehr und mehr für andere wie eine Sonne zu scheinen.

Wo ist da der Meister?

Der Weg des Buddha ist seit 2500 Jahren gleich: die Übertragung von Herz zu Herz. Das ist die Aufgabe des Zen-Meisters neben seinem Job als Bergführer. Er ist von einem anderen Meister zum Meister gemacht worden. Dies nennt man Dharma-Übertragung. Und die Linie der Übertragung geht über Meister und Meisterinnen immer weiter und weiter bis zurück auf Buddha Shakyamuni selbst.

Die Übertragung von Herz zu Herz erfüllt etwas mit Licht und Kraft, etwa den Satz »Wenn der Geist still wird, wird die Welt wahr«. Zunächst einmal ist es nur ein Satz. Erst dann, wenn man einen Meister trifft, leuchtet dieser Satz auf, er überträgt sich. Das nennt man Initiation.

Initiation? Ist das Zauberei, Magie?

Nein, nein. Das ist ein gleiches Schwingen. Das ist Empathie auf einem sehr hohen Niveau. Wenn man jemanden sehr gut kennt oder sehr liebt, dann hat man das Gefühl, dass man oft das Gleiche fühlt und denkt. Der eine fragt:

»Wollen wir heute beim Italiener essen gehen?« Der andere bemerkt: »Das wollte ich auch gerade fragen.« Der eine hat die Idee, der andere hat sie nicht gleichzeitig, sondern spürt sie im Einklang einen Hauch später und spricht sie vielleicht aus oder denkt das Gleiche.

So ist es auch mit der Initiation. Initiation entsteht auf der Basis von Harmonie, auf der Basis der gleichen Bewegung. Und durch die Offenheit eines Menschen und durch Vertrauen entsteht diese Übertragung. Für einen kleinen Moment ist man in einem anderen Aggregat. Und dann erkennt man: Aha, ah, das bin ich auch.

Wenn ich in deinem Beispiel bleibe, beide haben fast zeitgleich die Idee essen zu gehen …

… ja, aber nicht nur die Idee, sondern auch das Gefühl. Sie sind transpersonal, also spirituell, jenseits unseres Alltagsbewusstseins. Sie sind nicht zwei Lebewesen, abgeschottet voneinander, die gefangen sind in ihrem Selbst, verdammt sozusagen, in diesem Gefängnis zu bleiben, sondern die Liebe ist die große, große Chance des Menschen, die es gibt, das Gefängnis zu durchbrechen. Es gibt Menschen, bei denen das so ist: Sie lieben sich, das Gefängnis öffnet sich, und die beiden Menschen begegnen sich ohne Gitterstäbe.

Das ist in der Liebe so, aber jetzt ist da ein Zen-Meister und sein Schüler und seine Schülerin, und da ist ja nicht unbedingt Liebe die Basis. Was ist die Grundlage in dieser Beziehung?

Vertrauen, Selbstgewahrsein und Stille auf beiden Seiten.

Also für den Anfänger ist die Basis erst einmal die Kraft und die Energie. Zum Beispiel ist ein Schüler nervös oder energielos, oder er hat ganz fürchterlich viel Energie und ist getrieben und rastlos bis jähzornig. Das sind alles mögliche Formen von Energie. Oder der Schüler ist geradezu ermattet. Oder verzweifelt. Alles Energien. Er begegnet einem Meister, und dieser sagt: »Übe diese Übung.« Der Schüler übt, sage ich mal, zwei Tage diese Übung. Irgendwann spürt der Meister, dass der Schüler für eine Sekunde still ist. Und dann ist der Moment da, wo der Schüler eine Kraft spürt. Der Meister strahlt diese Kraft aus, und so strahlt sie in dem Schüler. Aber das ist dann nicht der Meister, der etwas macht, sondern es ist die Kraft im Schüler selber – wie beim Strom, Induktion. Auf einmal spürt der Schüler diese Kraft, nicht die des Meisters, sondern seine eigene. Und dann ist es ganz wichtig, dass der Meister ihm auch sagt: Das ist DEINE Kraft.

Was ist ein Zen-Lehrer, ein Zen-Meister nicht?

Ein Guru – zumindest so, wie wir den Begriff hier in Europa füllen. Der Meister strahlt nicht nur Kraft aus, sondern auch Liebe, auch Stille und ganz besonders und an wichtigster Stelle FREIHEIT, offene Weite.

Meister Pai Chang sitzt auf dem Reckenberg,
da kommt ein Schüler und fragt:
»Meister, was ist das größte Geheimnis der Welt?«

Und Pai Chang antwortet:
»Ich sitze hier allein mit mir selbst!«

Und da öffnet sich für diesen Schüler eine unendliche Weite.
Er ist dieser Meister für einen Moment,
und das ist so großartig,
dass er sich voller Demut verbeugt.

Und da schlägt der Meister ihn.

Zen-Geschichte

Kennst du auch eine einfachere Geschichte zu diesem Thema?

Die ist sehr einfach. Der Meister erkennt, huch, jetzt besteht die Gefahr, dass der Mönch von dem Berg runtergeht und vom großen Meister und seinem Licht erzählt. Denn der Schüler ist in diesem Moment nicht in der Lage, zu erkennen, dass er, der Schüler, es selber ist, für einen Moment. Er ist dieses Ganze. Rinzai würde in diesem Sinne sagen: Wenn du dir in die Hose machst – dein Ding, ich hab damit nichts zu tun. Mach deine Verbeugung und hau ab. Das nennt man im Zen »die Güte einer Großmutter«.

Wie würde sich ein Guru verhalten?

Ein »Guru« ist jemand, der den Anschein erweckt, als sei er – seine Person – die Ursache. Ein Zen-Meister zeigt dagegen immer wieder auf den Schüler: DU bist es. Er stößt den Schüler auch immer wieder zurück, wenn er den Eindruck gewinnt, dass der sich zu sehr an ihn bindet. »Go your own way«, sagt mein Lehrer – gehe deinen eigenen Weg. Mach deine eigenen Erfahrungen. Wenn man einen Zen-Meister fragt: »Was ist denn Erleuchtung?«, drückt er einem dann vielleicht eine Taschenlampe in die Hand? Oder, mein früherer Lehrer wurde immer gefragt: »Bist du erleuchtet?« Er sagte dann: »Wer will das wissen? Los, antworte sofort!!!«

Bist du erleuchtet?

Kümmere dich um deinen eigenen Dreck.

Ein Schüler beklagte sich
bei Meister Tetsugen Doko:
»Deine Lehre ist unvollständig«,
sagte er. »Da fehlt etwas Wichtiges,
das mir hilft, tiefe Befreiung zu erfahren.«

Meister Doko versicherte ihm, ihm alles zu sagen, was zu seiner Erleuchtung nötig sei.

Der Schüler glaubte ihm nicht.

Der Meister versicherte erneut,
ihm all sein Wissen weiterzugeben.

Etwas später gingen beide zusammen am Meer spazieren.

Da fragte der Meister:
»Hörst du den Schrei der Möwe?«
Der Schüler sagte:
»Ja, Meister, ich höre den Schrei.«
»Siehst du«, antwortete Tetsugen Doko,
»ich enthalte dir gar nichts vor.«

Zen-Geschichte

Wieder eine schöne Geschichte, aber damit ist meine Frage nicht beantwortet, oder?

Möchtest du noch eine Tasse Tee?

Okay, ich frage später noch mal. Woran erkenne ich einen guten Lehrer?

Ich möchte da vielleicht noch eine Geschichte erzählen, die europäisch ist. Etwas, das mich beeindruckt hat … Ich nahm an einer kleinen Podiumsdiskussion teil. Nur ich und der Landesbischof Ulrich waren dort im Schleswiger Dom. Wir sprachen über Spiritualität und über das, was uns verbindet.

Es war eine schöne, wunderschöne Veranstaltung. Da kam ein Journalist und sagte: »Ich finde, wir sollten diese Veranstaltung noch einmal machen. Wir haben den und den Rahmen, und da wäre es doch schön, wenn es so eine Podiumsdiskussion über Spiritualität gäbe.« Der Bischof antwortete: »Wissen Sie, über Spiritualität diskutiere ich nicht. Das ist was ganz Privates.«

Mit einem »guten Lehrer« ist es das Gleiche wie mit diesem Bischof. Er hat nicht irgendjemandem irgendwas vom Pferd erzählt. Sondern er hat durch seine Persönlichkeit – und er IST eine Persönlichkeit – und durch seine persönliche spirituelle Geschichte die Menschen beeindruckt.

Er ist sicher ein guter Bischof. Wie erkenne ich aber einen guten Lehrer für mich im Zen?

Erstens, indem man Vertrauen zu ihm hat. Zweitens, wenn man ihn auch sympathisch findet, zumindest am Anfang.

Und drittens muss man immer wieder spüren, dass er einen auf einen selbst zurückwirft. Auch wenn es manchmal echt blöd ist, weil man dann alleine ist. Also, ein Zen-Meister sollte keine blauäugigen, ihm hinterhertrappelnden Anhänger haben, sondern Anhänger, aus denen mal große, den Menschen dienende Lokomotiven werden.

Ist ein Zen-Meister auch ein »guter« Mensch? Ich meine, ist er jenseits von unheilsamen Eigenschaften?

Nein. Ich jedenfalls nicht.

Wie viele schlechte Eigenschaften darf er denn noch haben?

Es ist doch einfach so: Wir sind Menschen. Wir gehen einen Weg, und das Entscheidende ist, dass man sich auf einem Weg aufhält …

Ein Zen-Meister ist auf einem Weg, von dem man nicht mehr runterfallen kann, aber er ist auch noch auf einem Weg.

Was sind schlechte Eigenschaften? Ein Zen-Meister im Zölibat wird von einigen als vorbildlich und frei von allen äußeren Ketten gesehen.

Wer beurteilt einen Zen-Meister?

Zunächst hat auch er einen Zen-Lehrer … jedenfalls eine lange Zeit. Später dann beurteilen ihn seine Schüler. An dritter Stelle wird er an der Qualität seiner Schüler beurteilt, bezogen auf die Gesamtheit seiner Schüler: Sind sie stark, frei und menschenfreundlich? Sind sie Knospen auf dem Weg, werden sie Blüten der Meisterschaft und Diener der Menschen? Und viertens, die Hauptaufgabe eines Meisters ist es nicht, sich um jeden Preis lieb Kind zu machen und Erwartungen zu erfüllen, denn diese können unvereinbar verschieden sein. Wie schon gesagt verlangen einige von ihm Zölibat, Armutsgelübde und Entsagen von der Welt, andere dagegen erfreuen sich, dass er mit Frau, Kind und erfolgreicher Verbreitung von heilsamer Weisheit mitten im Supermarkt steht und an der Käsetheke ein Beispiel für Zen gibt.

Kümmert es dich nicht, was andere von dir denken oder über dich sagen?

Was andere nun gut finden oder nicht, ich gehe wie jeder Zen-Meister meinen Weg. Du kennst ja die Geschichte von Zen-Meister Hakuin. Ihm sagte man nach, eine Geliebte und mit ihr ein Kind zu haben, was damals ein Skandal war. Später stellte sich heraus, dass dies unzutreffend war. Hakuins Kommentare waren immer nur »Ah so!«.

Also, unabhängig von allem, folge dem Weg deines Herzens.

Woran orientiert sich denn ein Zen-Lehrer, -Meister, -Mönch?

Ungeachtet dessen, ob er ein asketischer Zen-Mönch oder weltlicher Zen-Meister ist, letztlich sollte er selbst die Klarheit haben, was heilsam ist und was nicht. Und das kann von Zeit zu Zeit, von Historie zu Historie, von Meister zu Meister höchst unterschiedlich sein. Am Ende des Tages zählt nur, ob er auf seinem Weg den Menschen durch Menschlichkeit und das Bezeugen von Ewigkeit gedient hat.

Gut, wenn denn die Lebensführung …

… die Lebensführung ist der Maßstab für einen Zen-Meister. Ganz klar und deutlich. Aber nicht im Sinne eines moralisch-ethischen Kodex.

Trotzdem …

Also, ich als Schüler spüre im Zen mehr und mehr das Heilsame und das Unheilsame. Dann gucke ich mir den Lehrer an und frage mich: Geht der einen Weg, oder sitzt der bequem rum und sagt, er sei vollendet und so weiter, tralala? Passt er zu mir? Und wenn ich finde, dass es etwas Unheilsames in ihm gibt, das mir nicht gefällt, dann sollte ich gehen …

Das ist doch eine klare Aussage.

… und dann geht man auch. Allerdings muss man aber nicht gleich sagen, er sei kein Meister. Das kann man vielleicht später beurteilen, ob das so ist. Es gibt sehr viele sehr unterschiedliche Zen-Meister. Jeder Zen-Meister in der eigenen Tradition ist ein Unikat. Denk mal an Meister Ikkyu. Er hat Sex wirklich als ein Element der Erleuchtung gesehen, und sein Leben war eher ein regelfreies Chaos. Oder Meister Dogen, der ein sehr strenger

Mönch war, im Zölibat lebte und dessen klare Klosterregeln heute noch Vorbild sind. Da gibt es kaum größere Widersprüche, dennoch sind diese beiden neben Hakuin die größten japanischen Zen-Meister. Oder wenn man den Tee-Meister Sen no Rikyu nimmt, der sich in die Politik eingemischt hat und dafür am Ende Selbstmord begehen musste. Oder eben jemanden, der in Japan in einer Klause lebte, in einem fast zerfallenen Tempel, und dessen Namen heute niemand mehr kennt. Sie alle sind höchst unterschiedliche Meister.

Ist es ein bisschen so wie bei Priestern oder Pfarrern?

Nein, ganz und gar nicht. Ich selber finde meine eigene Mitte und meinen Maßstab. Das ist der Unterschied zur Religion, die uns von oben einen Kodex mitgibt. Im Zen liegt die Ethik in mir selber, und durch den Weg öffnet sie sich und bezeugt sich in der Welt.

Gut, aber diesen Überblick oder Einblick habe ich ja noch nicht, wenn ich anfange. Ist ein Zen-Meister, ein Lehrer, für mich ein Vorbild?

Er ist natürlich ein Vorbild.

In was denn?

In dem, was für mich heilsam ist.

Zum Beispiel?

Wenn ich beispielsweise aus dem Christentum komme, dann werde ich dazu tendieren, zu einem Zen-Meister zu gehen, der dieser Tradition nähersteht. Denn bei einem solchen Zen-Meister kann ich Christ bleiben, ja, er vertieft mein Christsein sogar noch. Pater Enomiya-Lassalle war so ein Meister. Oder Willigis Jäger heute.

Und wenn mich der Buddhismus mehr anspricht, gehe ich zu einem buddhistisch orientierten Zen-Meister.

In was bist du Vorbild?

Darin, jetzt mit dir den Tee zu trinken.

Kannst du das konkret machen?

(Sensei trinkt Tee.)

Und Vorbild für deine Schüler, für Menschen, die sich für Zen interessieren? In was bist du da Vorbild?

Ich kann nur der sein, der ich bin, das ist die Aufgabe. Ob ich ein Meister bin, beurteilen mein Lehrer und meine Schüler. Ob ich ein Vorbild bin, beurteilen die Menschen, die mit mir ein Stück des Weges gehen. Ich kann mich nur bemühen, ihnen durch meinen schon gegangenen Weg zu dienen. Und ich werde nicht allen dienen können – mit der Zeit aber mehr und mehr. Das ist mein Weg. Letztlich, in der eigenen Tiefe, spielt es keine Rolle, ob ich und für wen ich Meister bin, ob ich Vorbild bin oder nicht.

»Man kann einen Menschen nichts lehren,
man kann ihm nur helfen,
es in sich selbst zu entdecken.«

Galileo Galilei

Warum sind Zen-Meister so streng, zum Teil sogar hart?

In der alten Tradition …

… auch heute.

Teils, teils.

Du hast es ja selber gesagt: Du stößt Schüler zurück.

Genau deshalb. Die Strenge besteht darin, zu sagen, dass ich kein Guru bin. Das ist keine Strenge, das heißt, ich bin kein Vaterersatz für dich. Und ich nehme dir nicht dein Leben ab. Ich bin nicht jemand, der sagt, pass auf, gib mir dein Leben, und dafür machst du das und das, und ich organisiere den Rest.

Sondern?

Sondern ich muss meinen eigenen Weg gehen. Den eigenen Weg zu gehen bedeutet, auf dem Matterhorn selber einen harten Weg durch ein Eisfeld zu gehen. Die Strenge besteht darin, dass der Zen-Meister den Schüler auf ihn selbst zurückwirft und ihm nicht die Gelegenheit gibt, wieder eine Illusion gegen eine andere zu tauschen. Vielmehr ist das Ziel des Zen die Freiheit des Herzens. Also wird der Zen-Meister den Schüler immer wieder dahin führen. Und wo er ihn zum Herzen führt, ist der Zen-Meister voller Güte.

Das ist die eine Seite …

Ein guter Zen-Meister hat zwei Seiten: die Güte einer Mutter und die Strenge eines Samurais. Wenn er nur von einem der beiden zu viel hat, dann ist es schwierig. Es gibt viele Schüler, die sagen, der Zen-Meister sei gar nicht streng. Und andere sagen im Gegenteil, er sei sehr streng. Es kommt auch darauf an, wo ich mich gerade befinde. Das ist ein ganz wichtiger Punkt.

»Zen-Meister Joshu ging zur Hütte
eines Einsiedlers und fragte:
›Hallo – da? Hallo – da?‹
Der Einsiedler stieß die Faust nach oben.

Joshu sagte:
›Zu flach ist das Wasser
für ein Schiff zum Ankern.‹
Dann verließ er den Ort.

Wiederum ging er zur Hütte eines Einsiedlers
und fragte: ›Hallo – da? Hallo – da?‹
Der Einsiedler stieß die Faust nach oben.

Joshu sagte:
›In Freiheit gibst du, in Freiheit nimmst du weg.
In Freiheit tötest du, in Freiheit gibst du Leben.‹
Und er machte eine tiefe Verneigung.«

Mumonkan

Du bietest Zen-Training an in einer Zen-Schule. Das hört sich sehr geerdet an, sehr verschult. Welche Erwartung kann ich als Schüler haben? Gibt es einen Lehrplan? Komme ich von einer Klasse in die andere?

Nein. Man kann sich darauf verlassen, dass es einen alten didaktischen Weg gibt, der sich seit Jahrtausenden bewährt hat und der seit Jahrtausenden weiterentwickelt wird, und zwar in Bezug auf die betreffende Kultur. Das ist die Essenz des Zen. Deshalb sage ich auch, Daishin-Zen ist wahres Zen, weil es sich auch der europäischen Kultur anpasst und sich innerhalb dieser Kultur weiterentwickelt. Ein didaktischer Weg entsteht, der gewisse Abfolgen hat, die gegebenenfalls – je nach Mensch – wieder vollkommen durchbrochen werden müssen. Es gibt gewisse Regeln, aber diese Regeln werden auch wieder umgeworfen.

Ist diese Art des »Unterrichts« überall gleich?

Unterschiedliche Schulen haben unterschiedliche Schwerpunkte. Aber die Zen-Meister selber lehren alle auf ihre eigene Art.

Ich habe als Zen-Praktizierende also keinen Lehrplan, dem ich entnehmen kann: Aha, das ist jetzt mein Zen-Weg?

Nein, nein, das gibt es nicht. Es gibt Schüler, die haken Koans, also Zen-Rätsel, ab. Andere glauben, wenn sie soundso viel sitzen, sind sie so weit. Aber da fehlt noch etwas Wichtiges. Wenn ich Glück habe, komme ich zum Zen und habe sofort die richtige, die eine Übung. Eine Übung, die ich in den ersten Stunden lerne, dann ist das Zen. Denn ist das die richtige Übung, werde ich mein Leben lang nur diese eine Übung machen. Und ich bin glücklich, weil die höchste Intensität in der Übung nur dann entsteht, wenn ich mein ganzes Bemühen nur auf diese eine Übung konzentriere.

Richte ich meine Intensität auf zehn Übungen, dann ist die Kraft nur ein Zehntel so groß, wie wenn ich sie auf einen einzigen Punkt lenke.

»Tivra-samveganam asannah.
Der Strebende wird schnell den Weg erreichen.

Mrdu-madhya-adhimatratvat tato'pi visesah.
Auf Grund einer niedrigen, mittleren oder
höchsten Intensität gibt es verschiedene Ergebnisse.«

Patanjali

Es gibt natürlich Übungen oder Gespräche; sie orientieren sich an den Hindernissen auf dem Weg des Schülers. Um die Hindernisse aufzulösen, werden verschiedene Mittel eingesetzt. Für Felsen nimmt man Dynamitstangen, für andere Geschichten gibt es einfach nur ein Seil. Oder in wieder anderen Fällen ist das Beste eine gemütliche kleine Kutsche. Es kommt darauf an.

Wie viele Schüler kann ein Zen-Lehrer, ein Meister haben, wenn er ihnen noch gerecht werden will?

Zen ist ein Weg, der nur unter vier Augen gehbar ist. Es muss einen Kontakt zwischen dem Meister und dem Schüler geben. Beide müssen sich kennen. Das ist ganz wichtig. Anders kann ich es mir nicht vorstellen. Jedenfalls lehrt die Tradition die Übertragung von Herz zu Herz. Darauf kommt es an.

Natürlich geht das nicht unbegrenzt.

Und dann?

Und dann gibt es hoffentlich andere Schüler, die das Matterhorn schon bestiegen haben.

»Leben ist das,
was passiert,
während du eifrig dabei bist,
andere Pläne zu machen.«

John Lennon

DEN ZEN-WEG GEHEN

Du vergleichst den Zen-Weg oft mit einer Bergbesteigung. Welche Ausrüstung brauche ich dafür?

Sehnsucht, Ausdauer, Energie, Hingabe.

Und wenn ich das aufbiete, habe ich dann eine Garantie, dass ich oben ankomme?

Ja.

Die gibst du?

Ja, mit zwei Einschränkungen: Erstens müssen es wirkliche Sehnsucht, Ausdauer und Energie sein, und das Wichtigste kurz vor dem Ziel ist wirkliche Hingabe. Und zweitens verlängert manchmal das Schicksal, das heißt unsere vergangenen Taten und Erfahrungen, den Weg über unsere Zeit hinaus.

Aber ich darf nie aufgeben, und plötzlich bin ich frei. Die Wolken geben den Blick in die offene Weite frei, und alles erfüllt sich.

Der Lehrer ist ja in diesem Bild ein Bergführer. Wie lange kann ich denn zum Beispiel in der Ebene allein gehen?

Na ja, die meisten Menschen heutzutage in dieser Esoterik-Welt folgen denen, die immer um diesen Berg herumspazieren, von einem Esoterik-Kiosk zum anderen, mit allem möglichen Trödel beladen. Da kann man stundenlang um den Berg herumgehen, jahrhundertelang. Aber irgendwann muss man sich ausrichten, sich entscheiden. Und dann beginnt der Weg. Es gibt Tausende Möglichkeiten um den Berg herumzugehen, auf den Berg hinauf sind es dann nur noch eine Handvoll. Die kurze gefährliche Nordwand, der langsame, oft vereiste Oststieg, der geheimnisvolle Südpfad und einige wenige andere.

Wenn ich also die bekannten Wege verlasse, brauche ich dann Hilfe?

Spätestens da hört es irgendwann auf, dann gibt es die bekannten Trampelpfade nicht mehr. Solche »Trampelpfade« sind beispielsweise spirituelle Standards, Volksreligionen und irgendwelche Entspannungsgeschichten. Irgendwann wird's ernst. Auf einmal ist der Pfad weg, und man steht auf dieser freien, großen Wiese. Zunächst ist auch noch alles gut. Die Sonne scheint, die Blümchen blühen. Nur man fragt sich: Wohin geht der Weg?

Und dann kommt der Lehrer und sagt »Rechtsrum, linksrum«?

Ja, genau. Der erscheint dann, sozusagen. Etwa so: »Bitte folgen Sie 14 376 Kilometer der Straße!«

Nein, wenn die Sehnsucht ernsthaft ist, ergibt sich aus

der Sehnsucht die Suche nach dem Meister. Das ist seit ewigen Zeiten so.

Darauf kann ich mich verlassen?

Ja, aber man muss wissen, dass es Klöster und Orte gibt, an denen Menschen sind, die weiterhelfen können, die den Weg kennen. Also man darf nicht zu Hause rumsitzen.

Das ist genauso wie mit der Liebe. Wenn ich alleine bin und zu Hause warte, bis der Briefträger kommt, der dann auch noch der richtige Mann ist, der also meinen Vorstellungen vom »idealen Mann« entspricht, dann muss ich viele Leben lang warten. Gehe ich aber ins Getümmel, ins Café, zum Sport, in den Supermarkt, zum Tanzen oder Chillen, dann habe ich eine große Wahrscheinlichkeit, meinen Traumpartner zu treffen. Und so ist das natürlich auch mit der spirituellen Suche. Es heißt ja nicht umsonst spirituelle »Suche«. Nur gehe ich hier eben nicht ins Getümmel, sondern in die Stille, zu stillen Orten. Aber ich suche eine Weile in der Welt da draußen.

Aber gibt es da in meinem Inneren etwas wie einen inneren Führer, eine Instanz also, die mir die Richtung weist?

Nein. Nein, leider, erst mal nicht. Das ist ja der Grund, warum es so viele Seelenfänger gibt. Ob nun religiöser, spiritueller oder auch – im letzten Jahrhundert ganz furchtbar – politischer Natur, der Mensch ist verführbar. Liebe und Gier zu unterscheiden ist oft sehr schwierig. Echte Seelenfänger schaffen es ja auch, Menschen einzureden, dass Hass und Liebe dasselbe sind. Sie verkaufen Hass als Liebe, so wie es viele große Religionen tun oder taten. Religion lebt von Büchern und verstorbenen Personen. Wahre Spiritualität lebt von lebendigen, wahrhaftigen Menschen.

Und wie erkenne ich am Anfang des Weges, was und besonders wer wahrhaftig und authentisch ist?

Diese Suche dauert ihre Zeit. Sie ist einfach eine schwierige Phase. Wenn ich eine Sehnsucht spüre und mich auf den Weg mache, dann gehe ich erst einmal durch diese ganzen Kioske und Buden, vorbei an Marktschreiern, die mir erzählen, so, so und so – und jeder preist seine Geschichte als die einzig wahre an. Dazwischen sind natürlich auch ein paar gute Sachen. Und es ist nicht immer so, dass das Stille das Gute und das Laute das Schlechte ist. Das liegt auch am eigenen Karma.

Was ist in dieser Phase entscheidend?

Wichtig ist, dass man sich auf die Suche macht, sich dieses und jenes anschaut und sich irgendwann entscheidet. Und dies ist fast noch wichtiger: Es gibt etwas vor der Bergbesteigung, vor dem Meister, vor den Werkzeugen für die Bergbesteigung, und das ist die Entscheidung.

Kenne ich diese Entscheidung? Erkenne ich, dass jetzt der Punkt gekommen ist, an dem ich mich entscheiden muss? Oder kann das auch eine unbewusste Entscheidung sein?

Am Ende ist es eine große Entscheidung. Ich bin 17, 18 Jahre alt und sage mir: Wie es sich gehört, muss ich jetzt an der Technischen Hochschule Maschinenbau studieren. Ich sage mir dies und das und jenes, und mein Vater fragt mich: »Was wird aus dir, Sohn?« Doch in meinem tiefsten Innern spüre ich: Nein. In dieser Situation entsteht schon so eine Entscheidung. Aber manchmal führt diese Entscheidung bei einem Jugendlichen nur dazu, dass er Chaos verursacht und Unsinn macht und vielleicht in Richtung von Drogen und Kriminalität geht, obwohl im Prinzip schon ein wunderbarer Wunsch in der Mitte steht. Ein Wunsch nach großem Leben.

Aber das gehört auch mit dazu, der Mensch will Leben spüren. Es ist ein Wunsch nach Leben und durchaus der Wunsch nach einem Leben in einer und mit einer Gesellschaft.

Und wie geht's dann weiter, nach dem Nein?

Also, das ist ein sehr schwieriger Prozess. Einmal kann es ein großer Prozess sein, ein großes Nein. Ein indischer Weiser sagt, dass man am Anfang nicht weiß, wohin der Weg geht. Aber man weiß, wohin er nicht geht. Man weiß, was falsch ist. Das wissen wir übrigens auch bei den großen Verführern, ganz tief in unseren Herzen. Daraus wird oft eine Emotion, die uns übermannt, und diese Emotion treibt uns, etwas zu tun.

Wie durchbreche ich diesen Kreislauf?

Kaum ein Mensch will dem anderen etwas Böses, aber der Hass, der aus enttäuschtem Verlangen, aus unbefriedigter Gier entsteht, führt schließlich dazu, dass einer den anderen verletzt. Doch während es der eine bereut, kann der andere die Reue noch nicht einmal zugeben. Er muss in diesem unsichtbaren Hass-Modus bleiben. Immer auf der Flucht, damit er nie zu erkennen braucht, dass er unrecht getan hat. Aber ganz tief im Herzen erkennen alle, was falsch ist.

Das ist das Erste, was ich spüren kann. Und dann mache ich mich auf die Suche, finde Verschiedenes und sage: Das ist es nicht, dieses ist es auch nicht. Emotional fühlt sich das toll an, und so mache ich eine Zeitlang weiter. Doch irgendwo sagt mein Herz: Nee, das ist es doch nicht, und es kommt ein Moment, in dem mich etwas anrührt. Dann ist da ein »Ja«.

Und ich bin auf dem Weg?

Noch nicht wirklich. Es kommen lauter weitere Entscheidungen. Übe ich heute Zen, oder muss ich den Bus noch kriegen? Stehe ich früher auf, um meine tägliche Meditation zu machen, oder drehe ich mich noch einmal um? Das sind lauter kleine Entscheidungen, die meine Ausdauer prägen. Irgendwann festigt sich das, und dann kommt eine große Entscheidung.

Wofür oder wogegen entscheide ich mich?

Es ist die große Entscheidung für einen Weg, letztlich

aber für mich selbst. Ja, ich gehe meinen Weg. Und dann wird's knifflig. Es ist ja nicht gern gesehen in dieser Gesellschaft, seinen eigenen Weg zu gehen. Auf der einen Seite sollen wir egoistisch sein, nach außen gehen und »big money«, also das große Geld, machen. Wir sollen erfolgreich sein, es zu etwas bringen, indem wir außen das Paradies für uns suchen.

Ja, sei cool, hip, erfolgreich und leicht gestört, das ist modern, heldenhaft. Oder sei das Gegenteil: sozial und immer und überall tolerant, wie ein praktizierender Sozialpädagoge mit einer Gutmensch-Fassade, der so lange tolerant ist, solange man seinen Garten in Ruhe lässt. Der Sohn dieser Eltern hat es auch nicht leicht. Weil alle Menschen gleich sind, soll er träumerischen Sozialideologien dienen, sich selbst zurücknehmen. Auch hier gibt es Erwartungen, nämlich der gleiche Bleistiftanspitzer und Oberlehrer wie der Vater zu sein.

Die Bilder sind nicht mal überzogen. Beide Gruppen und 43 ½ weitere bilden die heilsame Mitte unserer einzigartigen, offenen Gesellschaft, die es uns überhaupt ermöglicht, eigene Wege zu gehen. Wie unterschiedlich die Ausrichtungen auch sind, sie entfernen sich vom Wesentlichen. Wir alle könnten es sehr viel leichter haben, wenn wir uns dabei nicht so verlieren würden in Rastlosigkeit, in Gedanken, in Grübeln und Gefühlsverstrickungen.

> Wenn wir nicht verstehen,
> ist das Meer das Meer.
> Wenn wir anfangen zu verstehen,
> ist das Meer nicht mehr das Meer.
> Wenn wir richtig verstehen,
> ist das Meer wieder das Meer.
>
> *Zen-Weisheit*

Das heißt, die »Innenschau« wäre der richtige Weg. Wie genau geht man denn nach innen?

Hm, also, ein alter Rinzai-Meister würde sagen: Ich habe keinerlei Ahnung von »innen«.

Okay, still sein?

Schon besser.

Was passiert, wenn sich der Mensch nach innen wendet, still wird?

Kommt drauf an, denn wenn wir uns nach innen wenden, dann heißt es auf einmal, man sei ein Egoist oder »Der geht nur noch seinen Weg und stellt alles andere an zweite Stelle«. Aber »seinen Weg gehen« meint in diesem Fall nicht, um des eigenen Vorteils willen »über Leichen zu gehen«. »Seinen Weg gehen« meint, seiner Sehnsucht nach Freiheit und Herzensfrieden zu folgen, ihr Raum zu geben und sie zu erkennen. Und das ist in vielerlei Hinsicht kompliziert, da wir in dieser Phase gegen ganz viel angehen müssen und uns sehr viel bewegt. Da brauchen wir eine Menge Kraft.

Jeder erzählt uns seit unserer Kindheit irgendeinen Kleinkram, aus dem sich das Puzzle zusammensetzt, das unsere Persönlichkeit weithin ausmacht und auch unser Bild von der Welt bestimmt. Und nun kommt in dieser Phase irgendetwas in mir auf, es rührt mich an und steht im Widerspruch zu alldem, was ich bis dato gehört, gedacht und getan habe. Und wenn ich diesen Widerspruch nicht auflöse, werde ich krank. Zumindest beginne ich zu leiden, beispielsweise werden die Dinge trotz aller Jagd fade und unbefriedigend.

Und welche Möglichkeiten habe ich?

Also, wenn die eben angesprochene Sehnsucht in mir ist, dann habe ich zwei Möglichkeiten. Entweder ich mache sie platt, indem ich mich zuknalle, mit Arbeit, mit Alkohol, mit Beziehungen, vor allem mit Action oder auch mit einer resignierenden Trägheit. So lange, bis dieses kleine helle Licht vollkommen erloschen ist und ich umgeben bin von großer Dunkelheit. Es gibt aber mittlerweile viele – besonders jüngere – Menschen, deren Sehnsucht so stark ist, dass das »Verdrängen« gar nicht funktioniert. Gott sei Dank. Aber durch den permanenten Druck der Gesellschaft – also den Druck von außen – entsteht in diesen Menschen zu viel Disharmonie.

Entstehen so auch Krankheiten?

Ich habe das ja schon am Anfang gesagt: Depressionen haben hier unter anderem ihre Ursache, ebenso schwere psychosomatische Krankheiten. Um da herauszukommen, muss die große Entscheidung getroffen werden, von der ich eben gesprochen habe. Und da ist dann der innere Weg wichtig, weil er die notwendige Unterstützung gibt, unabhängig von äußeren Bedingungen: Höre auf dich, aber verwechsele nicht Denken und Emotion mit deiner inneren Stimme! Das ist sehr schwer, und man unterliegt immer wieder einer Täuschung. Deshalb war ich gerade in der schwierigen Phase meines Weges sehr froh, einen so guten Lehrer zu haben. Er half mir, diesen Unterschied zu erkennen, und das ist sehr wichtig.

Zen-Meister Gatsurin Shikan fragte seinen Schüler:
»Wo ist dein Geist?«
Der Schüler überlegte und tippte sich an die Stirn:
»Mein Geist ist in meinem Kopf,
denn wenn ich meine Gedanken wahrnehme,
habe ich den Eindruck,
als spräche jemand im Inneren meines Kopfes.«

Shikan winkte den Schüler ganz nah an sich heran.

Als dieser unmittelbar vor ihm stand,
boxte der Meister dem Schüler fest in den Magen
und fragte:

»Und wo ist dein Geist jetzt?«

Zen-Geschichte

Und was bringt es mir, den Unterschied zwischen der, sagen wir mal, »echten inneren Stimme« und meinen Ego-Wünschen zu erkennen?

Es bringt Sicherheit. Die Sicherheit, dass diese Sehnsucht die Wirklichkeit ist, und dass das, was die anderen tun, Illusion ist. Da passt das Beispiel Buddhas: Er ist seinen eigenen Weg gegangen. Und du darfst auch deinen eigenen Weg gehen, denn nur wenn du dich selber rettest, kannst du andere retten. Sogar im Flugzeug wird angewiesen, dass die Mutter, der Vater im Notfall zuerst die Atemmaske aufsetzt und dann erst das Kind versorgt. Denn was nützt es dem Kind, Sauerstoff zu haben, aber Papa oder Mama sind ohnmächtig und kommen nicht mehr aus dem Flugzeug raus? Also, »Go your own way!«

Im Zen ist der Weg oft gezeichnet von Askese, strengem Üben also, und Verzweiflung. Gibt es auch einen Weg der Freude und Leichtigkeit?

Die Askese ist auf Dauer Käse. Das hat ja Siddhartha Gautama selbst bezeugt. Es hat ja keinen Sinn, sich zu begrenzen, zu kasteien. Wofür? Dafür, dass ich lebe? Wo soll das hinführen, wenn ich aufhöre zu essen? Der Kampf des Geistes gegen den Körper ist ein dramatischer Widerspruch, der auf dem Glauben, auf der Verblendung beruht, dass beide getrennt sind. Dasselbe gilt für die Vorstellung, dass ich mich von meinem Körper absondern kann, indem ich in einen geistigen Raum – der Philosoph und Dichter Friedrich Wilhelm Nietzsche nannte ihn vor mehr als 150 Jahren »Hinterwelten« – eintauche. Das ist Unfug. Leben geht nur in einer Einheit. Und es geht nicht um Askese.

Trotzdem ist es so, dass im Zen die Menschen auch auf ihren Meditationskissen still und reglos sitzen bleiben sollen, obwohl der Rücken und die Beine schmerzen?

Nur in längeren Sesshins. Dann geht es manchmal schon um eine gewisse Härte sich selbst gegenüber. Ich muss meinem Ego gegenüber hart sein, wenn es Couch-Potato werden will oder in hektischem Wahnsinn rotiert. Gleichzeitig sollte ich durch meine Sehnsucht gut und liebevoll zu meinem Wesen sein. Ich versuche, leicht und total herzoffen zu sein. So habe ich also einen Gegensatz. Und da ist es mitunter schon nötig, dem Ego gewisse Grenzen zu zeigen. Das versuchen wir zum Beispiel in den längeren Zeiten eines Sesshins.

Und wie sollen dem Ego seine Grenzen gezeigt werden?

Es wird nicht gesprochen, viele Perioden meditiert, früh aufgestanden und so weiter. Das ist keine Quälerei, auch wenn es dem einen oder anderen sicherlich so vorkommt, sondern es dient einzig und allein dazu, dass der Mensch sein Ego erkennt und ihm nicht immer unbedingt nachgibt – zum Beispiel wenn es sagt »Oh, mir tut das Knie so weh« oder »Ich bin so müde«. Oder wenn es mit seiner Klatsch- und Plappersucht einfach nicht aufhören kann. Nicht das Ego ist der Meister, nicht der Verstand und auch nicht die oberflächlichen Gefühle.

Wenn ein Mensch sich entschlossen hat, diesen Weg zu gehen, lässt ihn dieser Wunsch dann je wieder los? Kann der Mensch den Motor, die Sehnsucht, wieder verlieren?

Man kann diese Sehnsucht töten. Das ist möglich. Unsere Gesellschaft ist sehr versiert darin, das zu tun. Als ich beispielsweise in der Schule war, gab es draußen einen gewaltig großen, wunderschönen Kastanienbaum. Wenn ich den ansah, ganz still nur für mich, trotz des Geplappers des Lehrers, dann öffnete sich etwas in mir. So ein Klick, ein Hauch von »Ich verstehe, aber ich weiß nicht was«. Die Lehrer sagten dann oft »Träum nicht«, oder sie stellten mir eine komplizierte Frage. In dieser Phase, in der Kindheit und Jugend, kann diese Sehnsucht sehr leicht über Bord gehen.

Gibt es ein Leben ohne Leiden?

Im Moment, nur Geist: ja. In Raum und Zeit kommt Vergänglichkeit und Leid hinein: nein.

Der Weg der Leidfreiheit bedeutet, zu erkennen: Alles ist reiner Geist. Freiheit. Der Weg der Herzweisheit bedeutet, zu erkennen: Der Wesen sind unendlich viele, wir geloben sie alle zu retten, mit Mitgefühl und Herzensgüte.

Also eine Frage der Perspektive?

Es kommt in der Tat darauf an, wo ich hinsehe. Sehe ich nach außen, ist die Welt voller Leiden. Bin ich in der Stille, dann löst sich dieses Leiden auf, und ich werde erlöst. Und wenn dieser Weg sich weit öffnet, dann kannst auch du ein Erlöser werden. Das muss nicht für Millionen Menschen sein, das kann auch für drei Menschen sein. Letztendlich sind wir alle Schüler und Lehrer in einer Person. Von dem einen lerne ich etwas, dem anderen gebe ich etwas – so funktioniert unser Leben.

Klar ist aber auch, dass unser Ego einen beträchtlichen Anteil an unserem Leid hat. Kann ich mein Ego fallen- oder sogar sterben lassen, um glücklich zu sein?

Das ist Quatsch. Wo ist dieses Ego?

Okay, aber …

… was soll man denn mit so was anfangen?

Eben, das frage ich dich ja …

Was soll das bedeuten, das Ego fallenzulassen? Das sind Attitüden. Man sitzt im Zazen auf einem Kissen und übt, voller Intensität, Güte und Hingabe. Das ist genug. Sitzen und erkennen, dass das »Ego« Illusion ist. Sitzen und erkennen, was heilsam und was nicht heilsam ist. Sitzen und erkennen, dass alles eins ist. Mit dem Ausdruck »sein Ego überwinden« kann unser Ego, unser Verstand wenig anfangen, oder er macht wieder ein Ego-System von Gut und Böse daraus.

Gut, und was ist die Alternative?

In tiefer Hingabe zu meditieren bedeutet die Sehnsucht, das alte Unheilsame, Leidschaffende sterben zu lassen. Es bedeutet den Wunsch, neu geboren zu werden, hier in dieser Welt. Und das ist damit gemeint, wenn Zen-Meister sagen, das Ego müsse sterben.

Teisho

LERNEN, SICH SELBST WERTZUSCHÄTZEN

Die Problematik unserer heutigen Zeit liegt darin,
dass wir versuchen, Freude, Energie und Glück in
äußeren Dingen zu suchen und zu finden.

Aber die Zeit wird immer unbeständiger.
Auch immer virtueller.
So merkt man irgendwann – und das tun viele –,
dass die Quelle meiner eigenen Kraft und meines Glücks
ja eigentlich gar nicht da draußen sein kann.

Die Frage, die man sich im Zen stellt –
und da beginnt die Übung –, ist:
Gibt es in uns selbst eine nicht bedingte Kraft?
Eine Kraft, die nicht davon abhängig ist,
dass meine Freundin nett zu mir ist
oder dass irgendetwas Tolles passiert, usw.

Gibt es in uns Menschen und ganz speziell in mir
eine Kraft, die nicht bedingt ist?

Ich werde euch diese Frage nicht beantworten.
Denn es ist egal, ob ich ja oder nein sage.
Da könnt ihr ein Ei draufschlagen.
Es ist total egal, ob ich das sage

oder in China ein Reissack umfällt.

Ich möchte euch ein bisschen neugierig machen,
diesen Weg einmal auszuprobieren.
Er ist einfach, es ist so unglaublich einfach.
Man muss sich in eine Haltung begeben,
die für die Harmonie
von Körper – Energie – Geist optimal ist,
die schon selbst ein Teil des Weges sein kann.
Und wenn man in dieser Haltung ist –
die man im Zen als Meditationshaltung bezeichnet –,
kommt noch etwas Zweites hinzu:
Man hört auf, zu ruckeln und sich zu bewegen und
zu zuckeln und zu rascheln
und sich an der Nase zu kratzen.

Das fällt uns sehr schwer,
aber dies sind Kanäle,
aus denen die Energie immer wieder aus unserem
Körper herausfließt.
Und wenn dieser einen Unruhe nachgegangen wird,
ist die Tiefe der Meditation dahin.

Erst übe ich die Körperhaltung.
Dann übe ich die Energie-Mitte, -Harmonie, -Balance.
Dann öffnet sich tiefe Stille.
Dann ist irgendwann alles reiner Geist.

Wenn ihr eine Weile Zen übt, könnt ihr mit einem
Atemzug in totaler Stille sein, und es ist fabelhaft.

Der Weg ist die Stille,
eure Neugier natürlich auch.

Und irgendwann kommt im Zen der Punkt,
an dem ihr etwas Interessantem begegnet.
Das ist noch nicht die ganz große Erfahrung,
es ist aber eine Erfahrung,
in der das Göttliche, das Sein in uns spürbar wird.
Dann fängt Zen an.

Es gibt noch einen zweiten Aspekt neben der richtigen Haltung. Es braucht eine kleine innere Übung,
die auch in das Innere in die Stille führt.

Und dann seid ihr in der richtigen Grundvoraussetzung,
eine Forschungsreise anzutreten.

Und diese Forschungsreise hat nichts damit zu tun,
dass man sich sehr anstrengen muss.
Das Anstrengende am Zen ist,
dass man sich erst mal hinsetzt und nicht rumruschelt.

Die Kunst ist, das Ganze in Leichtigkeit zu tun.
Ja, wie geht denn das?
Ich sitze jetzt hier und es fällt mir schon schwer, so zehn Minuten in Ruhe in dieser Position zu sitzen.
Die Leichtigkeit hat mit zwei Dingen zu tun:
einmal mit dem Wunsch, in Stille zu gehen,
und dann mit dem Wunsch, sich selbst zu spüren und zu erforschen, wer man eigentlich ist.

Die Einheit von Zen und Leben
hat eine außergewöhnliche Leichtigkeit.
Die Schwere, die Anstrengung,
die findet zu 99 Prozent in unserem Kopf statt.

Ich erzähle euch dazu eine kleine Geschichte:
Zwei Mönche waren auf dem Heimweg zu ihrem Kloster.
Da begegneten sie einer schönen Frau,
die hilflos am Ufer eines reißenden Flusses stand.
Der eine Mönch erkannte die Not der Frau,
hob sie auf seine starken Arme und
trug sie über den Fluss auf die andere Seite.
Sie bedankte sich lächelnd bei ihm.
Der Mönch verabschiedete sich ebenfalls freundlich und
kehrte um zur anderen Seite des Flusses,
wo sein Gefährte gewartet hatte.
Die Männer setzten schweigend ihren Weg fort.
Nach einiger Zeit rief der andere Mönch empört:
»Wie konntest du nur diese schöne Frau in die Arme
nehmen? Wir haben doch geschworen, uns für ein Jahr
nur auf Meditation und unseren Weg zu konzentrieren!«
Der andere Mönch sah seinen Gefährten an und sagte:
»Ich habe die schöne Frau
auf der anderen Seite des Flusses zurückgelassen.
Du aber, so scheint es mir,
trägst sie immer noch auf deinen Schultern.«

So ist es auch bei vielen von euch:

Ihr denkt zu viel,
das macht die Schwere eures Daseins aus.

In einigen alten buddhistischen Richtungen,
wie dem lebensfeindlichen Hinayana,
war das Weibliche ein Hindernis,
ja sogar etwas Negatives, wie auch in vielen anderen Religionen.
Im modernen Zen ist das Weibliche der Weg der Hingabe und Erlösung in geerdeter Herzweisheit.

Ob wir nun Idealen weiblicher oder männlicher Schönheit hinterherjagen, Vorstellungen erfüllen müssen oder wie viele alte Religionen das Weibliche mit Hass verfolgen
oder versuchen, es zu verdrängen,
ob nun Gier oder Hass –
all das findet in unserem Kopf statt.

Die verzweifelte Frau vor dem Fluss,
der Mann oder die Frau, die uns dann und wann begegnen
und Begehren oder Neid und Ablehnung auslösen,
alle diese Personen haben mit der Wirklichkeit nichts zu tun.

Aber schon der Gedanke, das Bild, das wir einem Menschen überstülpen, bringt etwas in die Welt, löst etwas aus.

Das sind die 99 Prozent,
die die Schwere eures Daseins ausmachen –
ihr denkt zu viel.

Das Gefühl von Gier,
von Ablehnung, spontan im Moment, ist menschlich.

Beide Mönche spürten Gefühle, denn auch Mönche, selbst wenn sie Meister sind, sind Menschen.
Das ist nicht das Entscheidende.
Das Entscheidende ist, was euer Denken aus diesen Gefühlen macht.
Der Buddha lehrt:
»Nicht die Gefühle an sich erzeugen unheilsames Karma.«
Sie sind nur Bijas, Keime, die ich transformieren, ja sogar gewandelt nutzen kann.

»Aber durch Gesinnung, Denken, Rede und Handlung wird das Gefühl unwiederbringlich in die Welt gebracht.«

Hier beginnt die Wurzel des Leids für mich und andere.
Hier entstehen Anstrengung, Verwirrung, Illusion und Kopfkino.
Das sind die 99 Prozent, die euch fast alle Kraft kosten und von euch einen Preis fordern, den eigentlich niemand bezahlen sollte:
Die Wirklichkeit des Lebens selbst, freie Freude, unabhängiges Glück, tiefer Herzfrieden.

Das restliche eine Prozent der Anstrengung, des Leids in eurem Leben entsteht durch unangemessenes Handeln und Verstrickung.
Ja manchmal auch durch tragische karmische Verkettung.

Die getriebene Unruhe, die erschöpfende Anstrengung entsteht durch die Nicht-Stille.

Man kann mit einem einzigen Atemzug, mit einem Ausatmen, absolut leicht in eine tiefe Stille gehen.
In eine tiefe Kraft. Mitten auf dem Bahnhof.
Mitten auf einem Flughafen. Während ich Gewichte im Sportstudio bewege, während ich jogge,
während einer Konferenz, auf einer Familienfeier,
während mir jemand eine kritische Frage stellt.

Zen heißt nicht, das alles sofort zu können,
sondern Zen bedeutet,
auf dem Weg zu sein.
Die Übung dazu heißt Zazen.
Jeden Tag Zazen,
jeden Tag ein bisschen mehr Kraft und Stille.

Zen heißt, das Wachstum zum wahren Menschen, das wir irgendwann aufgegeben haben, als wir erwachsen wurden, wieder zu öffnen und diesen wunderbaren Weg weiterzugehen, ein Leben lang.

Es geht um ein Wachsen,
um ein Werden des inneren Selbst.

Alles im Inneren, alle Rollen, Figuren, Vorstellungen
müssen losgelassen werden.
Ihr müsst still und ganz allein sein,
euch selbst genügen.
Das ist am Anfang nicht einfach.

Kein Erreichen,
kein Ende,
sondern wie mein Lehrer sagt:
»Continue forever!«
Schritt für Schritt,
Tag für Tag,
Übung für Übung
näher dem Glück, der Freiheit.
Mehr und mehr freier reiner Geist.

Ich kann mich immer nur wiederholen:
Wirklichkeit ist nicht etwas,
das im Außen gefunden wird.

Unabhängig von allem folge dem Weg deines Herzens.

Nun kann es noch das Argument geben,
dass ich eigentlich gar keine Zeit für so etwas habe.
Was ist denn der Schlüssel, wenn ich der Meinung bin,
ich hätte keine Zeit?
Morgens sind es die Kinder, und dann ist da dieses und jenes, ich muss schnell zum Büro, und dann ist da ein Stau – muss, soll, könnte und eigentlich überhaupt, es geht nicht, weil …

Ist der Schlüssel Disziplin? Nein.
Ist der Schlüssel, sich zu überreden? Nein.
Der Schlüssel, um in diese leichte,
wundervolle Erfahrung zu kommen,
ist Selbstwertschätzung!

In dem Maße, in dem ihr keine Zeit für euch selbst habt,
weil irgendwas außen ist,
fehlt euch etwas ganz Wichtiges,
auch wenn ihr glaubt, ihr tut es für euch.
Aber in Wirklichkeit entfernt ihr euch von euch selbst.

In dem Maße, in dem ihr keine Zeit für euch selbst habt,
in dem Maße schätzt ihr euch gering und weniger
als den ganzen bunten Trubel um euch herum.

Dann ist der Trubel das Zentrum – und nicht ihr.

Die Selbstwertschätzung ist nichts anderes als Liebe,
Liebe zu sich selber.

Tagtäglich, 24 Stunden beschäftigen euch Tausende von Dingen. Sagt einmal am Tag: Schluss! Nein!

Fast alle von euch suchen Glück, Liebe und Geborgenheit.
Ihr sucht etwas – etwas, was ihr schon immer habt.
Es ist nur verschüttet –
und es ist nur in euch.

Wer bin ich? Was sagt mein Herz?
Was ist mein Weg?
Was ist unheilsam, was ist heilsam?

Wohin will meine Sehnsucht?
Meine Sehnsucht hinter den Gedanken, hinter Gefühlen wie Gier, Verlangen, Hass, Ablehnung, Verblendung und Furcht.

Ein Halt im Wahnsinn, im Chaos, im Trubel.
Wer bin ich, und wer ist der andere?

Das ist Selbstliebe.

Eure Kinder, eure Katzen, euer Partner, euer Beruf …
ihr Menschen, was auch immer um euch herumwirbelt …
allem, dem wir wirklich gerne dienen – und es ist ein wunderbarer Weg, Menschen zu dienen –, dennoch …

Einmal am Tag habt ihr die Möglichkeit, habt ihr die Chance und, was das Wichtigste ist, habt ihr das Recht, euch selbst wertzuschätzen und zu sagen: Nein, ich bleibe jetzt einfach hier sitzen und probiere die Meditation aus.
Jeden Tag.

Und es ist egal, ob ich jetzt etwas Tolles spüre.
Darum geht es nicht.
Es geht um die wichtigste Beziehung in der Welt:
die Beziehung zu mir selbst.

Wir können kaum Beziehungen zu anderen haben,
wenn wir uns selbst nicht sehen.
Wie können wir dann andere sehen?

Aber wie erkennen wir das?
Dazu erzähle ich eine Geschichte aus dem Mumonkan, der bekanntesten Koan-Sammlung des Zen:
Als Meister Joshu noch ein Schüler war, da fragte er seinen Lehrer Nansen: »Was ist der Weg?«
Nansen: »Der alltägliche Geist ist der Weg.«
Weiter fragte Joshu: »Und woher weiß man, dass man auf dem Weg ist?«
Der Meister sagte: »Je mehr du ihn suchst, desto weiter entfernst du dich.«
Joshu war verwirrt: »Aber wenn man den Weg nicht suchen kann, wie kann ich ihn dann finden?«
Nansen: »Das hat nichts mit Wissen und Nicht-Wissen zu tun. Wissen ist Verblendung, Nicht-Wissen ist Verwirrung. Wenn du wirklich den wahren Weg jenseits aller Zweifel erreicht hast, dann wirst du ihn weit und grenzenlos erfahren, wie das Universum. Nie kann man aber darüber auf der Ebene von richtig oder falsch befinden.«
Bei diesen Worten erwachte Joshu.

Die Rede ist von dem »alltäglichen Geist«.
Der einfachste und damit auch direkte Weg,
sich erst mal selbst zu spüren, sei der,
seine eigene Kraft zu spüren,
rät der Zen-Meister Katsuki Sekida.

Gemeint ist unser Geist im Alltag,
denn genau das ist der Geist, den wir haben,
wenn wir ohne Ablenkung, bewusst »Alltag« leben:
Tee trinken, Rasen mähen, am PC arbeiten,
hier im Zendo sitzen und Zen-Geschichten hören,
am Meer spazieren gehen oder uns lieben.

Zen:
Sitzen in Kraft und Stille.
Kraft und Stille.
Stille.

Und in der Stille ist eine Sonne.
Was ist das für eine Sonne?
Wer bin ich?
Der Beginn ist die Erforschung und Öffnung unserer Kraft.
Kraft und innere Mitte.
Die Erdmitte des Menschen.
Der Wecker klingelt.
Ich stehe auf, und bevor ich richtig wach bin,
sitze ich auf der Meditationsmatte.

Erwachen in Kraft, Stille, Licht und Liebe.

Tag, ich bin bereit, ob hell oder dunkel,
Regen oder blauer Himmel, ich weiß, wer ich bin.

Am Beginn: Ich kenne meine Kraft.

EGOISMUS, SELBSTLOSIGKEIT – SCHMEISST ALLES IN DEN MÜLL

Einerseits gibt es Egoismus. Andererseits gibt es aber auch die Liebe zu mir selbst. Wie erkenne ich den Unterschied zwischen Egozentrik, Egoismus und gesunder Selbstliebe?

Im Zen wird überhaupt gar nichts gemusst oder gesollt. Wir haben keinen dreibändigen Ethikkatalog, in dem steht: Mach dies nicht oder tu das, und so weiter. Es gibt ganz einfach einen Weg. Und der besteht darin, das Heilsame zu entwickeln und das Unheilsame zu meiden und den Unterschied zwischen Egoismus und gesunder Selbstliebe durch das Sitzen auf dem Kissen zu finden. Oder anders gesagt, durch das eigene Herz. Und dadurch entsteht eine eigene innere Ethik.

Dennoch gibt es Egoismus, Egozentrik …

»Egoistisch«, »egozentrisch« oder »sein Herz, die Liebe finden«, das sind aufgesetzte Begriffe, die auch missbraucht werden können. Der andere ist egoistisch, aber ich entwickele ja mein Herz – das passt mir ganz gut in den Kram. Aber lass all diese Begriffe wie »das Ego überwinden«, »egoistisch sein«, »sein Herz entwickeln« und auch »Selbstlosigkeit« weg. Das sind intellektuelle Systeme, Versuche, eine poröse Ethik neu zu gründen, wo gerade die alte den Bach runtergeht. Wirklich neu wäre, aus sich selbst heraus eine Ethik zu entwickeln, eine Ethik in sich selbst zu spüren. Das ist der einzige Ansatz.

Kann es passieren, dass ich jahrelang meditiert, meine eigene Ethik entwickelt und mein Selbstbild verändert habe und dann nicht mehr lebensfähig bin in dieser Welt?

Es gibt nur diese Welt.

Ja, darum die Frage. Es ist ja wichtig, dass ich in dieser Welt bleibe.

Wie gesagt, ich war 17, als ich mit Zen anfing. Ich fand es komisch, einen spirituellen Weg zu gehen mit dem ausschließlichen Ziel, nach dem Tod vielleicht irgendwo zu sein, wo es besser ist als im Leben auf der Erde. Das kann man machen, wenn man möchte, aber ich finde diese Welt hier und jetzt großartig. Ich fand, das Leben war Herausforderung genug. Ich fand es spannender, hier im Leben, wie der Buddha sagt, »das Todlose« zu finden und gegebenenfalls es auch hier in dieser Welt zu bezeugen, als mich irgendwie durchzuwursteln, um erst nach dem Leben zu sehen, was dann da ist oder vielleicht auch nicht. Ich fand die Welt schön, gleichzeitig auch erschreckend, mitunter auch beunruhigend, und wiederum fand ich sie bezaubernd und provozierend. Und sie ist ein Geheimnis, etwas auf seltsame Weise Faszinierendes, Anziehendes.

Hier, nur hier – in die Welt hineinzugehen, das ist Zen.

Und man wird dadurch stark. Zen macht uns selbstbewusst und voller Mitgefühl.

Manchmal wird auch gesagt, der Mensch stecke in einem inneren Gefängnis. Siehst du das auch so?

Ja. Das ist tragisch, weil wir auch unsere Kinder so erziehen, dass sie nicht frei sind. Das fanatische Abgrenzen ist eigentlich das primäre Erwachsenwerden, aber es ist auch gleichzeitig die Tragik, denn das Abgrenzen bedeutet das Verlieren des Paradieses. Das Symbol des Paradieses oder des Nirvana, des Orts der Erlösung, ist die große Einheit. Die Heimat.

Ein Beispiel: Da ist ein vierjähriges Kind, die Mutter liebt es, es fühlt sich geborgen, zu Hause. Kommt es nach Hause, freut es sich. Hat es sich das Knie aufgehauen, tröstet die Mutter es. Das bedeutet »zu Hause«. Das Kind ist eins mit seiner Mutter. Aber jetzt kommt der Vater: Der Sohn soll ein großer Junge sein; ein Indianer kennt keinen Schmerz. Und tatsächlich muss er ja auch lernen, dass man kämpfen muss, aushalten und bestehen muss, sich abgrenzen, ja, eben jemand werden muss. So sind die Gesetze unserer Welt. Aber wir schießen über das Ziel hinaus.

Abgrenzen, Aushalten, Anstrengung: ja. Aber ein Indianerherz kennt keinen Schmerz: nein.

Warum sollte mein Indianerherz Schmerzen kennenlernen?

Wenn mein Herz keinen Schmerz kennt, dann kenne ich auch keinen Schmerz in den Herzen anderer. Das ist das Problem. In so einem Fall sind wir auf tragische Weise in uns gefangen und vielleicht blind und grausam zu anderen. Christlich gesprochen ist das der Weg zur Hölle, buddhistisch gesprochen der Weg zu Leiden.

Wie weit reicht diese Gefangenschaft?

Es kann auch sein, dass wir uns in Furcht in uns selbst verstecken, denn diese Furcht wird von Generation zu Generation weitergegeben: Kind pass auf, dies und jenes darf man nicht, sei bescheiden und blick zu Boden. Sprich nur, wenn du gefragt wirst, sei diesem und jenem untertan. Oder: Du bist etwas Besseres, dein Glaube, unsere Familie oder unser Geld erheben dich über andere. Auch hier ist Furcht die Wurzel, oft auch Gier, und am Ende steht immer Leiden. Dies sind Beispiele, neben vielen anderen, für zu wenig oder zu viel »Person«.

Ist das auch ein gesellschaftliches Problem?

Ja, die Menschen vereinsamen mehr und mehr. Wir verlernen in dieser Welt den wirklichen Kontakt zum anderen, zu unseren Mitmenschen, auch wenn wir »viele Bekannte« haben und von Event zu Event ziehen. Social Networks wie Facebook sind ein Beispiel dieser Verarmung, spätestens dann, wenn sie anfangen, unser Leben zu bestimmen. Wir sind mit uns alleine auf der Suche nach immer mehr Befriedigung von Bedürfnissen. Und so gesehen sind wir dann irgendwann Erwachsene in einem Gefängnis.

»Wir leben hinter Mauern aus Gefühlen,
Gefühle, die emotionale Gedanken sind.

Das bedeutet: Wir reagieren,
wenn wir glauben,
wir werden bedroht oder etwas greift uns an.

Und dann, wenn wir reagieren,
errichten wir diese Mauer,
die unsere klare Sicht trübt.

Und da die meisten von uns
alle paar Minuten reagieren,
ist es kein Wunder,
dass vielen ihr Leben schwierig erscheint.

Denn sie sind gefangen,
gefangen hinter Mauern
aus emotionalen Gedanken.«

Zen-Meister Menzan Zuiho

Wie sieht dieses Gefängnis aus, von dem du jetzt öfter gesprochen hast?

Ein Gefängnis entsteht dann, wenn ein Mensch, der entweder zu wenig oder zu viel Persönlichkeit hat und ohne Verbindung zu sich selbst, dem Großen Geist und zu seiner Mitte ist. Es gibt ein mystisches Geheimnis zwischen Mensch und Großem Geist. Nur ein wahrer, in seiner Persönlichkeit natürlich vollständiger, geerdeter Mensch kann den Weg der großen Befreiung gehen, ist bereit zur Hingabe an den Großen Geist.

Wer zu wenig Persönlichkeit hat, wer unvollständig ist, beispielsweise durch psychische Verletzungen oder Traumata, der wird Schwierigkeiten auf dem Weg haben. Zumindest wird dieser Mensch es schwerer haben, den Weg zu vervollständigen. So ein Mensch ist nicht vollständig. Er gleicht einem Baum, der auf einer Seite nicht wachsen darf. Und dieses Nicht-wachsen-Dürfen ist seine Grenze, auch wenn die Sehnsucht bei einem solchen Menschen oft am größten ist. Eine Therapie vorweg oder begleitend zum Zen-Weg kann dann eine Voraussetzung für den Weg sein.

Und die andere Seite, der Mensch mit zu viel Persönlichkeit, welche Probleme hat der?

Wer zu viel Persönlichkeit hat, wer über das Ziel hinausschießt, wer zum Beispiel Abgrenzung und Persönlichkeitsstärke zum Selbstzweck werden lässt, der kann ebenso wenig in Einheit mit sich und seinem wahren

Selbst sein. Er lebt in einer Illusion, die irgendwann an eine Grenze kommt, an der er verhärtet oder erwacht, manchmal in einem Krieg, den er nicht gewinnen kann. Im modernen Sprachgebrauch nennt man so eine Grenze oft »Burn-out-Syndrom«. Ein weiteres Hinausschießen über das Ziel ist einsamer Größenwahn oder egozentrischer Narzissmus. Neben Angst kann auch hier die Gier eine tiefe Wurzel sein.

Unabhängig von der Persönlichkeitsstruktur eines Menschen ist Zen der Weg der großen Befreiung. Zen ist der Weg, uns in unsere ursprüngliche Mitte von Ich und dem Großen Geist, dem wahren Selbst zu bringen, und dann beginnt der große Weg der Liebesbeziehung von mir zum Leben, vom Ich und der Ewigkeit.

Ist das nicht ein Widerspruch? Auf der einen Seite sagst du, dass viel zu viele Menschen mit sich allein auf dieser Suche sind, und auf der anderen Seite muss ich oder soll ich doch gerade in mich, in meine eigene Stille gehen?

Ja, aber ich tue das doch nicht 24 Stunden am Tag. Sondern ich übe täglich höchstens 25 Minuten, ruhig zu sein, und das ist schon für manche Menschen eine Herausforderung. Wer wirklich einen kraftvollen Weg gehen will, der wird sich 45 Minuten am Tag auf das Kissen setzen und meditieren – da bleiben ja immer noch 23 Stunden und 15 Minuten für Highlife.

Aber in den 25 Minuten, die ich am Tag meditiere, kann sich schon einiges an Erkenntnis entwickeln. Ein Hinder-

nis auf dem Weg ist der sogenannte Widersacher. Was oder wer ist der Widersacher?

Der Widersacher ist ein Programm, das sich immer wieder selber aufruft wie ein Programm auf dem PC, das irgendwann so installiert wurde, und keiner weiß mehr, wie es auszuschalten ist, schlimmer, niemand weiß, dass es ausgeschaltet werden kann, dass es gar nicht auf die Festplatte gehört.

Es ist einmal dieses Denksystem, von dem ich gesprochen habe, dieses Memorierungssystem, das sich selbständig gemacht hat. Wie ein Hammer in der Hand eines Handwerkers. Erinnern wir uns an den Anfang: Ein Hammer ist für einen Tischler oder Zimmermann ein wunderbares Werkzeug. Nur wenn der Hammer eines Tages behauptet: Ich bin du, hämmern ist die Essenz des Seins, im Sinne von »If I have a hammer in my hand, everything looks like a nail«, dann hat man ein Problem. So hat sich dieses grundsätzlich großartige Denksystem selbständig gemacht und sich zum Diktator erklärt, der alles andere ausbremst und diskriminiert. »Cogito ergo sum« – »Ich denke, also bin ich« –, und vorbei ist es mit der Großartigkeit. Sicher, wie schon erwähnt, das Denken ist ein riesengroßer Evolutionssprung für uns als Menschen. Aber wenn wir dort stehenbleiben und es verabsolutieren, sind wir arme Würste! Traurig und leidvoll!

Und ohne Chance?

Nein, es gibt immer eine Chance. Wir haben doch so

wunderbare innere Fähigkeiten wie Weisheit, Intuition, Herz, Liebe, Sehnsucht, Inspiration, Mitgefühl, Empathie, Offenheit und noch viele andere. Das Denken, das sich verabsolutiert und die Welt in Kästchen einteilt, ist ein großer Widersacher.

Ein weitere Widersacher sind unheilsame Emotionen, die oft unsere Grundausrichtungen von Gesinnung, Denken, Rede und Handlung bestimmen. Auch dieser Widersacher ist ein Programm.

Kannst du ein Beispiel nennen für so ein Programm?

Es ist zum Beispiel ein Programm, das eine Mutter in ihre Tochter schreibt: Etwa das Schneewittchen-Programm, das daraus resultiert, dass die Mutter hauptsächlich auf ihre äußere Erscheinung fixiert ist, dass sie ein Problem damit hat, alt zu werden und gleichzeitig die natürliche Schönheit und Empfindsamkeit ihrer Tochter zu ertragen. Diese Empfindsamkeit ist vielleicht eine besondere Begabung von empathischer Intelligenz, die die Mutter in ihrer Jugend nicht zulassen durfte oder konnte. Oder vielleicht wendet sich der Vater in der Ehekrise mehr der Tochter zu, macht sie zu »seiner« Über-Prinzessin. Es gibt viele Auslöser, aber am Ende ist das Opfer die heranwachsende Tochter: »Wenn du nicht geboren worden wärst, hätte ich deinen Vater nicht geheiratet. Du bist schuld an meinem Unglück.« Das beispielsweise hat die Mutter einer Schülerin von mir zu ihr nicht nur einmal gesagt. Die Tochter wird zur Feindin. Sie bekommt von der Mutter zu hören, dass sie nichts wert ist und dass aus ihr sowieso nichts werden wird. Liebesentzug, Kälte, Kampf, Verzweiflung. Das Programm, das aus »Du bist nichts wert, du bist und kannst nichts« entsteht, heißt »Einbruch der Selbstwertschätzung«.

Dieses Programm ist jetzt festgeschrieben. Auch wenn die Mutter längst tot ist, taucht überall dieses »Du kannst es nicht« auf, besonders in Situationen, in denen es draufankommt. Die Programme wiederholen sich und sind Widersacher.

Wie kann ich den Widersacher denn überwinden, austricksen?

Diese Widersacher zu überwinden ist für viele ein Grund, den Zen-Weg zu beginnen. Und gerade bei zu großer Selbstverblendung oder Selbstverstrickung oder zu geringer Selbstwertschätzung kann Zen auf eine schöne Art und Weise Befreiung bewirken und solche Programme, die nichts mit unserem natürlichen Wesen zu tun haben, auflösen. Deshalb sagten die alten Meister immer wieder, Zen sei der Weg, sich selbst zu besiegen und sich selbst zu befreien.

Sich selbst zu besiegen meint, den Widersacher zu besiegen und die alten Programme aufzulösen. Sich selbst zu befreien heißt, sich völlig an das Leben hinzugeben, das bedeutet die große Hingabe an das Leben in vollendeter Einheit und Ewigkeit.

Auf der einen Seite sprichst du von Therapie bei kindlichen Verletzungen und persönlicher Unvollständigkeit, auf der anderen Seite sagst du, der Widersacher ließe sich nur durch Zen besiegen. Wann ist welcher Weg der richtige?

Es kommt auf den Grad der Verletzung, des Traumas an. Bei dem Beispiel mit der Tochter kann Zen ein sehr heilsamer Weg sein. Gab es aber zum Beispiel in diesem Fall einen psychischen oder gar sexuellen Missbrauch oder gewalttätige Erlebnisse, also eine Traumatisierung, dann sollte das Thema Traumatherapie ganz klar mit einbezogen werden. Mangelnde Wertschätzung oder überzogenes Selbstbewusstsein sind leicht im Zen zu heilen. Sind diese aber schon in eine schwere manische Depression, eine psychotische Egomanie oder ein Borderline-Syndrom umgekippt, kommt Zen hier zu seiner Grenze.

Ist der Widersacher eigentlich von Anfang an da?

Ein sehr schwieriger Widersacher erscheint oft bei Menschen, die schon einen langen spirituellen Weg gehen, besonders wenn gewisse Erfahrungen dazukommen. Hier entsteht häufig die feste Überzeugung oder das »spirituelle Wissen«, dass der Weg zu Ende oder keine Übung mehr nötig ist, da man ja weiter als andere sei. Das ist besonders tragisch, da diese Menschen kurz vor dem Ziel abbiegen.

Gehört die Auseinandersetzung mit seinem Widersacher zum Weg dazu?

Letztlich wird jeder Mensch, der den Weg zur Befreiung wählt, seinem Widersacher begegnen. Daher sprechen die Religionen vom Kampf zwischen Licht und Dunkel, von der Entscheidung zwischen Teufel und Gott. Nur ist der Widersacher immer ein Teil von uns. Bekämpfe ich ihn, widerstehe ich ihm im Außen, egal wie, bleibt er dennoch bestehen. Ich habe ihm vielleicht in dieser einen Situation widerstanden, aber er sammelt jetzt schon neue Kräfte.

Wir erleben dies zum Beispiel, wenn wir aufhören wollen zu rauchen, wenn wir viel zu viel trinken, zu viel essen, oder wenn wir uns von etwas anderem Unheilsamen lösen wollen. In der einen Situation haben wir widerstanden, aber im nächsten schwachen Moment tun wir wieder das, was wir eigentlich nicht mehr wollten. Oft ist genau dieses Bekämpfen im Außen der Widersacher selbst.

Und wie überwinde ich ihn?

Zuerst erkenne ich an, dass er ein Teil von mir ist. Immer. Ich bin's, hallo! Dann frage ich: Wer, was bist du? Meine Gier? Oder die Askese, die die Gier bekämpft? Ah, da bist du ja wieder, du alter Bekannter!

Manchmal muss man ihm ein paar zwischen die Hörner geben. Meistens aber kann ich ihn durch Stille, Erkennen, Aushalten und mit Güte verwandeln.

Die Klarheit der Meditation ist die Voraussetzung und ein guter Zen-Lehrer, der einem den Spiegel so lange vorhält, bis er leer ist. Deshalb sind Zen-Meister nicht nur beliebt.

Hat ein Zen-Meister noch einen Widersacher?

Was heißt »ein Zen-Meister«? Es gibt nicht die Definition …

Du.

… eines Zen-Meisters: I am the Master of the Universe. Ich bin total vollkommen, oder so. Ich sage es noch mal: Auch der Zen-Meister befindet sich auf einem Weg. Und solange ich mich auf dem Weg befinde, bin ich ein Mensch, habe alle Gefühle. Es gibt immer wieder neue Herausforderungen auf dem Weg.

Mein Lehrer sagt: »Continue forever.« Vor 20 Jahren gab es für mich natürlich sehr unheilsame Herausforderungen. Die sind heute nicht mehr da. Aber die Latte ist deutlich höher gehängt. Es gibt neue, subtilere, feinere Herausforderungen. Graf Dürckheim sagte einmal: »Da ging ich die Straße längs und da kam mein Widersacher und ich sagte: ›Hallo, da bist du ja wieder.‹« Da ist der Widersacher auch schon halb erkannt und die Gefahr halb gebannt.

Es gilt also, achtsam zu sein? Ich meine, wie erkenne ich den Widersacher?

Im Rinzai-Zen würde man erst mal sagen: Wachsamkeit. Wachheit ist wichtig. Allerdings muss man bei dem Thema Achtsamkeit sehr aufpassen. Achtung, es darf kein Konzept, keine Anstrengung daraus werden! Ich bin zwar bemüht, irgendwie wach und offen zu sein, aber ich konzentriere mich dennoch nur auf ein Konzept von Achtsamkeit. Wenn ich beispielsweise nach jedem Bissen 27-mal kaue oder mich wie eine Schnarchnase in Zeitlupe bewege, dann entwickle ich ein System, das an Wachheit, an wahrer Achtsamkeit vorbeigeht. Zumindest wird dann das Essen kalt. Packe ich dann auch noch einen Ethikkodex dahinter wie »Sei achtsam, dass du auch nett bist« – ich übertreibe jetzt mal –, dann verheddere ich mich. Der Intellekt ist nicht in der Lage, uns Menschen in ein höheres Bewusstseinsaggregat zu führen. Auch hier steht die Übung an erster Stelle. Ich kann Achtsamkeit nur aus der Übung entwickeln. Doch dann, wenn ich sie entwickelt habe, kann ich sie nicht mehr erklären. Dann bin ich über das Erklärbare, das Rationale hinausgegangen. Das ist ein ganz wichtiger Punkt.

Es ist aber anstrengend, immer aufmerksam und wach zu sein.

Ja, wenn es ein intellektuelles Übungskonzept ist.

Achtsamkeit ist für mich in erster Linie Offenheit. Sie ist das genaue Gegenteil von Konzentration, das Gegenteil von einem Konzept. Es gibt Leute, die sagen »Wenn du nicht mehr weißt, wie ich heiße, dann bist du nicht achtsam«. Dieser Vorstellung nach bedeutet Achtsamkeit nichts weiter, als ein gutes Gedächtnis zu haben oder Erwartungen zu erfüllen. Sie ist das Gegenteil von »achtsam sein« in meinem Sinn.

Wenn ich in einer Leerheit offen bin, dann bin ich gleichzeitig in allem. Das ist die Öffnung der Wachheit zu allem hin – zu mir und allem. Ich sitze und meditiere, spüre mich, nehme die Dinge um mich herum wahr, auch das Rauschen der Bäume und das Knattern des Motorrades. Alles ist sozusagen in meiner Offenheit vorhanden. Ich nehme alles wahr, aber es gibt keinen Fokus. Meiner Ansicht nach ist die Konzentration das Gegenteil von Achtsamkeit.

Also nicht konzentriert, nicht angestrengt – wie funktioniert Achtsamkeit denn dann?

Aufmerksam sein heißt wach zu sein. Ich kann nicht erklären, wie sich Liebe anfühlt oder Brot schmeckt. Ich muss lieben, ich muss Brot essen. Das ist Leben – fühlen, wahrnehmen, spüren, innerlich erleben, was um uns herum geschieht. Das ist es. Leben ganz in diesem Moment, mit allen Stärken, Schwächen, mal schön, mal weniger angenehm. Alles ist Leben.

Meister Zuigan rief sich jeden Tag zu:
»Meister!«,
und antwortete: »Ja, Herr!«

Dann rief er: »Sei offen wach!«,
und antwortete wieder: »Ja, Herr!«

»Von nun an, lass dich von keinem täuschen,
an keinem Tag, zu keiner Zeit!«
»Nein!«

Mumonkan

Das ist wohl Zen für Fortgeschrittene.

Wie man's nimmt. Der passende Vers zu diesem 12. Fall aus dem Mumonkan lautet:

»Viele, die den WEG erlernen, erfahren die Wahrheit nicht.
Der Grund ist einfach:
Nur mit dem unterscheidenden Bewusstsein,
das sie schon immer hatten, nehmen sie wahr.
Das ist der Ursprung des endlosen Kreislaufs
von Leben und Tod.
Dummköpfe halten das für das wahre Selbst.«

Oh je, das ist nicht wirklich klarer geworden.

Also jetzt wieder für Anfänger: Wie übe ich Achtsamkeit? Wie mache ich das in meinem täglichen Leben?

Da bin ich eben der Meinung, dass man das nicht üben kann. Ich kann nicht ein Achtsamkeitsbuch nehmen und dann versuchen, achtsam zu sein. Wenn ich das doch so mache, werde ich mich immer konzentrieren und mich immer an einem intellektuellen ethischen Konzept entlanghangeln.

Warum lehnst du Konzepte, Vorgaben ab?

Aus Sicht des Zen, wo es um offene Weite, Wachheit und Präsenz geht, ist ein Konzept letztlich beschränkt. Achtsamkeit ist Stille, und Achtsamkeit, Stille und Offenheit hängen zusammen. Also, ich brauche nichts Großes zu tun. Ich muss mich in Stille setzen. Und irgendwann gibt es einen Moment der Öffnung, und dann sind diese Offenheit und Achtsamkeit das Tor zur achtsamen, offenen Weite. Und daraus, verbunden mit Hara, mit Kraft, entsteht auch ein achtsames, offenes Handeln. Trotzdem werde ich mich irren, Namen vergessen, mich täuschen und auch enttäuschen, zum Beispiel wenn ich nicht der Vorstellung von Achtsamkeit entspreche.

Also, wenn ein Schüler zu dir kommt und sagt: »Ich möchte Achtsamkeit lernen«, was antwortest du dann?

Klar, wir haben schöne kleine Übungen dafür. Ich kann ihm auch eine geben. Aber es ist sehr begrenzt, weil Achtsamkeit kaum übbar ist. Bei Übungen geht es immer um die Energie des Willens und der Konzentration, und so ist man natürlich wieder sehr schnell im Widerspruch zu dem, was Achtsamkeit und Offenheit ist.

Gewahrsein und Achtsamkeit sind beide identisch?

Ja. Das kommt dem sehr viel näher. Gewahrsein, Offenheit, offen sein. Sein. Am allernächsten kommt reines Sein. Ich bin da, und ich bin offen.

In dem Zusammenhang wird auch oft gesagt, man soll alles loslassen.

Ich habe so ein schönes Bild: Man ist bei einer Bergbesteigung, mit seinem Führer, und hängt an einem Seil 30 Meter über dem Abgrund. Da kommt ein Esoterik-Trötchen und sagt: »Lassen Sie doch einfach mal los.« Das geht dann schlecht aus. Es geht im Leben nicht nur darum, alles loszulassen. Genauso unsinnig ist das Konzept, sich ständig mit einem Beißhölzchen durchzuarbeiten. Wo bin ich? Anstrengung ist notwendig, natürlich auch Fokussierung, Konzentration, volle Power. Aber die Kunst ist, im rechten Moment loszulassen. Das ist das Ziel. Viele Manager meinen, sie müssten immer hart arbeiten. Jeden Tag 13 Stunden. Das ist ihr persönliches heroisches Abzeichen.

Dann wäre es ja nur gut, wenn diese Menschen loslassen und sich an das Leben erinnern?

Sie sind Hardcore-Arbeiter. Sie verbeißen sich ins Festhalten und können ihre Früchte nie ernten. Sie säen, aber sie ernten nicht, oder sie latschen einfach über die Ernte und merken es nicht. Die Kunst besteht darin, eine rechte Mitte zu finden zwischen Anstrengung, zwischen Ausdauer, zwischen Willensausrichtung, zwischen Übung, zwischen Intention und auf der anderen Seite Offenheit. Die Anstrengung loslassen und dann gleiten – es ist wie Surfen. Ich liege auf dem Brett und paddle da die ganze Zeit im Meer, es ist vielleicht manchmal anstrengend. Ich warte auf die richtige Welle, das ist Entspannung. Da ist sie. Ich muss hoch, auf dem Brett stehen. Dann denke ich gar nichts mehr.

Wenn ich das zusammenfasse, dann scheint mir Zen eigentlich ganz einfach. Es ist ja eigentlich nur sitzen, oder?

Es ist so wunderschön, unglaublich einfach. Man muss es nur tun. Es wird nur deshalb kompliziert, weil man immer darüber reden muss. Und weil wir hier im Westen vorher mindestens zwei Stunden Ansprache brauchen, bevor wir uns auf ein Kissen setzen. Aber ansonsten ist Zen bezaubernd leicht. Eine Übertragung mit dem Lehrer, es ist eine Stille da, man spürt etwas. Lächeln, da auf dem Kissen. Schön.

Als Meister Kanzan schon sehr alt geworden war,
besuchte ihn ein berühmter Samurai.
»Meister«, sagte er,
»lehre mich etwas über Himmel und Hölle!«

Kanzan entgegnete voller Verachtung:
»Dich soll ich etwas über Himmel und Hölle lehren?
Überhaupt nichts kann ich dich lehren.
Du bist dumm wie ein Esel, so stinkst du auch.
Deine Klinge ist rostig.
Deine Kleidung ist nur noch Dreck.
Geh mir aus den Augen.
Ich will dich nicht mehr sehen.«

Der Samurai zitterte vor Wut und zog sein Schwert,
um den Mönch damit zu erschlagen.

»Das ist Hölle«, sagte dieser sanft.

Der Samurai war überwältigt von der Weisheit,
dem Mitgefühl und dem Mut dieses alten Mannes.
Langsam senkte er sein Schwert,
erfüllt von Dankbarkeit und plötzlichem Frieden.

»Und das ist Himmel«,
sagte Kanzan ebenso sanft.

Zen-Geschichte

DIE LIEBE ZUR EWIGKEIT IST NICHT ERLERNBAR

Es gibt viele Formen der Liebe: die Liebe der Mutter, die Liebe zwischen einem Paar, die Liebe zu sich selbst, die Liebe zu seinem Beruf und viele mehr. Welche Liebe ist wirklich wichtig?

Alle.

Und welche ist besonders wichtig?

Grundsätzlich ist alles Liebe, so gibt es erst mal keine Unterscheidungen. Doch wenn man schon differenziert, dann ist die wichtigste und größte Liebe, neben der Liebe unter Menschen, die Liebe zur Ewigkeit. Oder, wie ein Christ sagen würde, die Liebe zu Gott. Es ist die Liebe zum Unbedingten, sozusagen die Liebe zum reinen, zeitlosen Geist, den wir im Daishin-Zen auch »Großer Geist« nennen. Diese Liebe treibt uns. Sie bringt alles zum Blühen, in ihr ist die Freiheit unbedingt. Sie ist reiner Geist.

Und wie erreiche ich die Liebe zur Ewigkeit?

Ich setze mich auf die Zen-Matte, und niemand ist mehr da – nur Geist, nur Liebe. Ein Mönch fragte Meister Nansen: »Gibt es eine Wahrheit, die noch nicht gelehrt worden ist?« Der Zen-Meister antwortete: »Es ist kein Geist, es ist kein Buddha, es ist kein Ding.«

Dieser Zustand ist aber nicht von Dauer?

Ja, denn dann denkt der Mensch. Emotionen und Gedanken verwirbeln zu nicht endenden Wolkenmeeren, und alles ist getrennt, und der alte Weg beginnt von neuem beziehungsweise geht weiter.

Gibt es noch andere Formen der Liebe, die im Zen eine Rolle spielen?

Ja, da ist die Liebe, die uns anrührt, tief im Herzen. Das kann ein Lichtstrahl sein, der durch die dunkle oder auch stürmische Wolkendecke scheint. Gemeint ist die Liebe, die sich in uns und in den Dingen und den Wesen spiegelt. Die große Liebe, der Große Geist, spiegelt sich in Tausenden Momenten, wie die Sonne abends in einem See. Ein wispernder Windhauch geht durch die Bäume am Ufer und rührt Abertausende kleine Wellen auf – Abertausende kleine glitzernde Lichtreflexe. Poetisch ausgedrückt heißt das bei Dogen Zenji zum Beispiel: »Wellen auf dem Fluss, sie können das Spiegelbild des Mondes nicht verwischen.«

Du wählst gerne Beispiele aus der Natur, gibt es noch andere Bereiche, in denen ich die Liebe, von der du sprichst, tief in meinem Herzen spüren kann?

Da ist einmal die große Natur. Aber da ist auch die Kunst, wie tiefberührende Musik. Und die Erotik, wenn sie voller Hingabe ist, schafft solche Momente von Einheit in Zweisamkeit und tiefer Liebe. Außerdem gibt es die Augenblicke in religiösen, spirituellen Zeremonien, in denen sich die Wolkendecke besonders leicht und häufig öffnen kann. All dies sind Bereiche außerhalb der Meditation. Aber solche Momente der Einheit gibt es in der Meditation sicherlich viel häufiger als im normalen Leben.

Wie erkenne ich, dass da so ein Augenblick ist, so ein Moment der Einheit, der wahren Liebe?

Genau genommen gibt es vier besondere Momente der Offenheit, vorbereitet durch die Stille der Zen-Meditation:

Erstens zeigen sie sich in der Liebe, die wir erfahren, wenn wir durch ein besonderes Erlebnis in der großen Natur still werden. Bei einem Waldspaziergang an einem nebeligen Herbstmorgen, der harzige Geruch von Tannen und Waldboden, ein Eichhörnchen raschelt – Stille. Alles ist offen und weit.

Und zweitens können wir diese Einheit, diese Liebe in der Kunst erleben, wenn wir ein Gedicht lesen, zum Beispiel von dem deutschen Lyriker Friedrich Hölderlin. Etwas spricht uns an, wir fühlen uns verbunden. Wir fühlen in uns eine Heimat – zu Hause. Das schwingt in dem Gedicht mit. Ein Philosoph sagte einmal: »Schönheit, Kunst ist das Durchscheinen des Ewigen im Endlichen.« Oder wie es Rudolf Steiner, der Begründer der »Lehre von der

Weisheit des Menschen«, der Anthroposophie, formulierte: »Wann ist ein Marmorwerk schön? Wenn es in der äußeren Form die Illusion erweckt: da lebt das Geistige darinnen. Das Erscheinen des Geistigen durch das Äußere, das ist das Schöne.«

Und die dritte Form, in der sich diese Momente der Offenheit zeigen, ist ein großes Geschenk: die Liebe zwischen Menschen, in der Begegnung voller Sinnlichkeit, in der erotischen Nähe und Geborgenheit.

An vierter Stelle stehen dann berührende Momente wie eine Hochzeit in Weiß in einer Kirche, eine Weihnachtsmesse oder eine Zen-Schüler-Zeremonie.

Das alles können besondere Moment der Herzöffnung sein.

Das heißt, du machst keinen Unterschied zwischen den vier genannten Formen von Momenten dieser Einheit, der wahren Liebe?

Ich persönlich finde alle vier wunderbar, besonders aber die Liebe zwischen Menschen. Nicht nur in der Erotik, wo in der Tat zwei Menschen eine größere Welt öffnen können, sondern auch in der Begegnung von Freunden, in der tiefen wunderbaren Partnerschaft nach langen Jahrzehnten eines gemeinsamen Weges, im Mitgefühl und in der Vergebung.

Und was ist in diesem Zusammenhang die »bedingungslose Liebe«?

Streng genommen unterscheiden sich die Formen der Liebe gar nicht voneinander, weil – wie ich schon sagte – alles Liebe ist. Es ist einfach so: Da ist der »blaue Himmel« – der »blaue Himmel« ist meine Fähigkeit, frei von Gedanken und unheilsamen Gefühlen zu sein. Wenn der Himmel also blau ist und keine Wolken da sind, dann erkenne ich plötzlich inmitten dieses Himmels eine »gleißende, große, goldene Sonne«. Das ist die unbedingte Liebe. Aber die sehe ich selten, aber trotzdem überall.

Jetzt auch?

Wenn ich jetzt aus dem Fenster blicke, dann sehe ich eine große Birke mit Herbstlaub, grün und braun, und dort leuchtet diese Sonne, spiegelt sich in allem wider, in jedem Blatt. Wenn ich irgendwo vorbeigehe und ein kleines Kind sehe, das irgendetwas Lustiges macht, und mein Herz aufgeht, dann spiegelt sich gerade die Sonne, die große Herzsonne, in diesem Kind und in meinem Herzen. Das gehört dazu. In beidem spiegelt sich das, was Liebe ist.

Jetzt sagst du, ich sehe den »blauen Himmel« und irgendwann sehe ich die »goldene Sonne«. Die meisten Menschen gucken zum blauen Himmel und sehen da aber keine goldene Sonne – außer im Sommer vielleicht.

Die meisten sehen erst gar keinen blauen Himmel. Sie gucken in eine dunkle Wolkendecke, die sehr tief über sie hinwegzieht und sich ständig verändert. Diese ständige Veränderung löst Ängste aus, was auch erst mal sehr verständlich ist. Es ist eine große weite Welt, in die wir hineingeboren werden. Auf einmal sind wir da mittendrin und sollen irgendwelchen Aufgaben genügen, ohne eigentlich die Spielregeln genau zu kennen.

Das heißt, dein »blauer Himmel« ist nicht der blaue Himmel, den ich gerade hier zwischen den Wolken sehe, wenn ich aus dem Fenster blicke?

Nein, das ist ja das Weltall. Das Blaue durch den Sauerstoff und Brechung von Licht. Das ist ja nur eine Metapher.

Dann ist »blauer Himmel« wieder Zen-Sprache?

Ja, er steht für die Fähigkeit, mitten in einem Geräusch in eine Stille zu gehen, wo alle Gedanken zur Ruhe kommen. Das ist die Voraussetzung. Weiter kann der Mensch nicht gehen. Bis hierhin kann ich durch den Willen, durch die Übung gelangen, und ich kann sagen: Ja, ich wende meinen Blick von dem Chaotischen, Unheilsamen, Mannigfaltigen ab und wende ihn dem Heilsamen, dem Ruhigen zu. Und dann kommt der Akt der Gnade. Das ist der Moment, in dem in diesem »Himmel« ganz plötzlich und spontan eine wunderbare, große »Herzsonne« aufleuchtet, die mich ganz und gar durchflutet. Das ist die Ebene des Herzens.

Wenn es Gnade ist, wessen Gnade ist es denn?

Es ist die Gnade meines ureigenen Wesens, des großen Geistes. In der christlichen Mystik ist es die Gnade des Heiligen Geistes.

Ich nenne es »Daishin«, »Großer Herzgeist«, oder einfach »Großer Geist«. »Dai« bedeutet groß, weit, offen, und »Shin« ist Geist, Herzgeist. Die Gegenwart, das Offenbarwerden des ureigenen Wesens, das Selbst zu fühlen, zu spüren, zu erleben, das ist Gnade.

Kannst du das an einem Beispiel erklären?

Nicht wirklich.

Kannst du es versuchen?

Atta dipa viharatha.

Atta sarana ananna sarana.

Mmmm – »Du bist das Licht, ruhe in dir selbst – und sonst nichts.« Was ist der Sinn?

Der Große Geist ist mein Geist, und der Große Geist ist dein Geist. Ununterscheidbar. Citta matra: Alles ist reiner Geist. Und mein Großer Geist ist die höchste Form von Bewusstsein in mir selbst und gleichzeitig frei von mir. Er ist die höchste Form von Güte, Liebe, Freude und Gelassenheit in mir selbst, das Heilsame in mir. Es gibt einen kleinen Hinnerk, schwach, trotz seiner 194 cm Größe klein und verletzlich, und es gibt den großen Hinnerk. Der große Hinnerk ist gleichzeitig auch der, der über alles hinausgeht. Der kleine Hinnerk ist vergänglich, der große ewig.

Die kleine Ulrike ist vergänglich, die große ewig. War es immer, ist es und wird es immer sein.

Und Gnade ist, dass sich das große Wesen im Kleinen offenbart.

Das ist das Selbst, von dem so oft die Rede ist?

Ganz einfach und fast schon banal beantwortet, ist das Selbst das Herz, der Geist. Daishin-Hinnerk und Daishin-Ulrike und Daishin-Leser oder -Zuhörer. Es wird auch ES, Ewigkeit, Gott, Einheit, Lebensgrund oder Buddha-Natur genannt und noch mit vielen anderen Begriffen bezeichnet.

Das Selbst ist das, was jeder – und ich meine wirklich jeder und jede – kennt, tief in sich selbst. Jeder weiß, ob bewusst oder unbewusst, das noch »mehr« in ihm, in ihr ist, als das, was wir normalerweise sehen, erleben, wissen und denken. Das Selbst ist die tiefe Stille, in der alle Ego-Gedanken zur Ruhe kommen.

Das Selbst ist also nicht »Ich«?

Ja:

Nen Nen Ju Shin Ki,
Nen Nen Fu Ri Shin.

Jeder Gedanke entspringt unserer Buddha-Natur, unserer Geist-Natur, denn ohne sie gibt es keinen Gedanken.

Nein:

Dieses »Selbst« ist nicht die Person, hat keinen Namen, keine Funktion, keine Eigenschaften. Das Selbst ist der Urgrund allen Seins. Menschen, die das Selbst erkannt haben, bezeichnet man als »erwacht« oder »weise«.

Dieses »Nein« am Anfang ist sehr wichtig.

Nein, ich bin nicht diese Gedanken. Aber was denn?

Nein, ich bin nicht diese Gefühle. Aber was denn?

»Am Ende der Meditation weiß man alles direkt,
man braucht keinen Beweis.
So wie jeder Tropfen den Geschmack des Meeres beinhaltet,
beinhaltet jeder Augenblick den Geschmack der Ewigkeit.

Haben Sie einmal von Ihrem eigenen Selbst geschmeckt,
werden Sie diesen Geschmack immer und überall finden.

Deshalb ist es so wichtig, dass Sie diesen Zustand erreichen.
Wenn Sie das Selbst einmal erkennen,
werden Sie es nie mehr verlieren.

Aber Sie müssen sich selbst durch intensive und beschwerliche Meditation die Gelegenheit geben.

Es ist, wie nach Wasser zu graben.
Sie verwerfen alles, was nicht Wasser ist,
bis Sie die lebensspendende Quelle gefunden haben.«

Sri Nisargadatta Maharaj

»Metta« ist eine Qualität von Herzensgüte und Mitgefühl. Ist Metta leichter zu erreichen als die vollkommene Befreiung?

Ja.

Was genau ist Metta für dich?

Metta ist ein Pali-Ausdruck, der im Sanskrit »Maitri« heißt und auch mit »liebende Güte« übersetzt wird. Viele übersetzen ihn auch mit »Mitgefühl«. Metta ist außerdem ein Oberbegriff für vier verschiedene Formen der Öffnung des Herzens.

Die eine Form ist die Güte, »Maitri« genannt. Sie ist die passive Form der Liebe im Menschen, strahlend wie die Sonne an einem Sommerabend am Meer. Sie ist die Güte einer Großmutter. Die Ausstrahlung eines Menschen, der allen Menschen gegenüber wohlwollend ist, wohin er sich auch wendet. Ein Mensch, der es gut mit einem meint, der es aber auch gut mit sich und seinem Wesen – nicht mit seinem Ego – meint.

Und die nächste Form ist die Liebe, die man »Karuna« nennt. Darunter wird die aktive Liebe verstanden. Es ist die Liebe einer Mutter zu ihrem Kind. Die aktive Liebe, die mich zu jemandem gehen und ihn in den Arm nehmen lässt, wenn er weint, um ihm Trost zu geben.

Und der dritte Aspekt – ja, das ist die Freude, in Sanskrit »Mudita« genannt. Freude zu erleben ist am schwierigsten, weil wir von vornherein dazu konditioniert werden, Freude oft nur in Form von Schadenfreude zu empfinden. Das ist ein Teil unserer Kultur, einer TV-Witzkultur: Jemand fliegt hin, und man lacht. So etwas ist aber nicht mit Freude gemeint. Freude ist Mitfreude. Ein Beispiel: Jemand gewinnt im Lotto eine Million, und die Reaktion ist Neid. Ah, das hat er nicht verdient. Warum nicht ich? Mitfreude dagegen ist, sich aus vollem Herzen mitzufreuen, so dass der andere sich auch freut. Freude ist grundlos, die grundlose Heiterkeit des Seins.

Wenn die Sonne des Herzens in mein kleines Herz scheint, dann entsteht unendliche, wunderschöne Freude. Der häufigste Satz, den ich in meinem Leben gehört habe – neben der Frage: Wie groß bist du denn? –, war immer die Frage: Warum lachst du? Als ich noch klein war, war das für mich immer peinlich, weil ich keine Antwort geben konnte. So ab der sechsten Klasse habe ich geantwortet: »Weil ich Sonne im Herzen habe.« Dieses grundlose Lächeln ist sozusagen die Sonne des Herzens.

Und der vierte Aspekt ist Gelassenheit, im Sanskrit »Upeksha«. Das loslassende, gelassene Sein, das nicht Gleichgültigkeit bedeutet, das nicht Passivität ist, sondern meint, gelassen die Dinge zu tun, zu bewegen und in sich selbst zu ruhen.

Und wie kann ich Maitri, Karuna, Mudita und Upeksha hier in meinem normalen Alltagsleben leben, durch meinen Willen?

Ich sagte ja schon, die Zen-Übung ist am Anfang durch den Willen gehbar. Darin besteht die Genialität des alten japanischen Zen-Systems, speziell bei der Übung von Samadhi, was Selbstvergessenheit, Selbstversenkung bedeutet. Bei diesen Übungen wird der Wille genutzt. Und deshalb ist die Aussage vieler Deutsch-Buddhisten, man könne nichts durch den Willen erreichen, vollkommen unverständlich. Ja, ab einem bestimmten Punkt stimmt das. Aber bis dahin kann man den Willen als Fahrzeug benutzen, für eine lange, lange Zeit. Man kann über den Willen sozusagen sich selbst überlisten. Man kann die unheilsamen Kräfte bündeln und umwandeln. Man kann Gier umwandeln in eine Kraft, die einen nach vorne treibt – man kann sie sublimieren.

Irgendwann ist dann Schluss mit dem Willen?

Ja, irgendwann kommt definitiv eine Grenze. Und die Grenze ist das Herz. Ich kann »Herz« nicht üben. Herz ist keine Energie, ist kein Objekt, es ist einfach alles. Es ist das Licht in mir selbst. Und da braucht es zweierlei Dinge. Zum einen braucht es Vertrauen, innere Offenheit und Bereitschaft, die durch die Übung entsteht. Zum anderen ist die Initiation von außen nötig, durch einen besonderen Moment, durch einen ausgebildeten Meister. Nur dann kann »dieses Licht« in der einen Person aufleuchten, so wie eine Kerze sich an der anderen Kerze entzündet.

Das ist der erste Schritt, der über die Wolkendecke hinausgeht, der über das Ego hinausgeht. Der Mensch erreicht einen transpersonalen Bereich, der über »mich« hinausgeht.

Was du beschreibst, ist eigentlich für jemanden, der das noch nicht erlebt hat, kaum zu verstehen. Was bedeutet, der Mensch geht über den »transpersonalen Bereich« hinaus?

Ganz einfach. Erinnere dich: Ich bin auf einer Party, gucke so rum, sehe sie, und sie ist die eine. Mein Herz fängt an zu flattern, ja, alles setzt aus. Das ist nicht nur ein biologisches Reagieren auf irgendetwas, das ist was ganz anderes. Wenn jemand viele Affären hat und sich plötzlich verliebt, dann wird er diesen Unterschied bemerken.

Das sagte ich ja. Deshalb muss ich es einmal erfahren haben …

… genau …

… um zu wissen, …

Ja, wer sich verliebt hat, der weiß, wovon ich rede.

Okay, dann hast du es jetzt so beantwortet. Es ist wie Verliebtsein, nur nicht in einen anderen Menschen, sondern in das Leben, letztendlich …

Richtig, genau richtig. Es ist das Verliebtsein in das Leben selbst. »Geist strebt, Liebe heilt.« Unsere Welt, die Vielheit, braucht an erster Stelle Heilung. So gesehen, ist die Liebe wohl die wichtigste Kraft im Universum, in der großen Welt, aber auch in der kleinen, in unserer Welt.

Was kann diese Liebe?

Das, was uns Menschen doch in diese schrecklichen Dinge hineinzieht, ist die Angst, die Furcht im Herzen. Gerade die größten Obermacker und die unheilsamsten Krieger werden häufig nur von dem einem getrieben, der Angst. Nach außen halten sie irgendeine Fahne hoch, zum Beispiel die der Rechtfertigung. Innen aber herrschen einfach nur Angst und Furcht, die sie meist gar nicht in sich selbst wahrnehmen, die aber unter der Oberfläche ver- und zerstörend wirken. Im wahrsten Sinne des Wortes sind viele Menschen kleine ängstliche Kinder, die einen Riesenzirkus um sich herum veranstaltet haben, aus dem sie jetzt nicht mehr herauskommen, in dem sie sich verlaufen haben. Leider kann man vielen nicht die Hand reichen. Sie bekämpfen alles, was anders ist, aber auch alles, was liebevoll ist, weil sie es nicht ertragen können. Und diese Furcht bringt Menschen dazu, sich abzugrenzen, andere auszulöschen und schreckliche Dinge zu tun. Die Furcht ist eine ganz unheilsame Geschichte, aber auch ganz verständlich. Nur diese Liebe ist in der Lage, die Angst, diese Furcht sozusagen aufzulösen.

Die Liebe heilt den Menschen – kann ich das so sagen?

Wie gesagt, viele Menschen sind häufig gar nicht in der Lage, Liebe, in welcher Form auch immer, von außen zuzulassen oder zu ertragen. Aber die alte Form des Rinzai-Zen hat das Gefängnis von so manchem Krieger gesprengt. Er hat nicht die Fähigkeit zu kämpfen verloren, im Gegenteil, aber doch den Zwang, es tun zu müssen. In diesem Sinne heilt Liebe Furcht von innen. Herz heilt den Zwang zu Unfrieden aus mir heraus.

Und wie lerne ich, so zu lieben?

Na ja, man lernt so zu lieben einmal natürlich dadurch, dass man Mensch ist, auf andere Menschen zugeht und sich der Liebe nicht verschließt. Das geschieht ganz unabhängig vom Zen. Die Liebe begegnet mir das erste Mal vielleicht mit 17, und meistens endet diese erste Liebe ganz schrecklich. Denn beide wissen noch nicht, wie man mit der Liebe, dem Verliebtsein umgeht. Da ist man ganz schnell schrecklich enttäuscht und hat erst mal die Nase voll davon. Und dann probiert man es doch noch mal, arbeitet daran und hat Kinder. Irgendwann, die Kinder sind 14 und elf, geht plötzlich die Frau/der Mann weg, und der Mann/die Frau ist ganz enttäuscht. Und dann hat man wirklich genug von der Liebe, denn man hat sie nicht verstanden.

Aber das ist doch nicht die Liebe, von der du bis jetzt gesprochen hast?

Nein, eben nicht, obwohl auch in dieser Liebe immer ein Kern der umfassenden, reinen Liebe zum Leben enthalten ist. Es ist immer ein Licht mit dabei – häufig jedenfalls, nicht immer.

Was kann ich tun, wenn ich 17 oder 50 bin, enttäuscht und desillusioniert?

Das Erste ist, dass ich mich der Liebe zuwende, generell, das ist die Intention. Ich entscheide mich für die Liebe unabhängig von allem, besonders unabhängig von dem, was ich schon erlebt habe und noch erleben werde.

Das Zweite ist, dass die tägliche Übung plötzlich zu einem realen Weg wird, mitten in dieser Welt, mitten in meinem Alltag mit nervigen Beziehungen oder Nichtbeziehungen, mit seiner Fülle oder Leere, mit meinen guten und schlechten Stimmungen.

Was steht an erster Stelle?

An erster Stelle steht, dass ich mich mir selber zuwende und vielleicht feststelle, dass ich mich gar nicht lieben kann. Tief in mir sagt eine Stimme, dass ich das nicht darf. Ja, das haben wir überhaupt nicht gelernt. Wenn man sich liebt, sagt man in unserer Gesellschaft: Oh, du bist ein Narzisst. Gleichzeitig werden die Menschen aufgefordert, im Außen eigentlich mehr und mehr Narzissten zu sein. Das fällt besonders bei einigen Fernsehsendungen auf: So laufen, optisch gesehen, Topmodels durch die Gegend, die aber im Inneren oft weit entfernt von sich sind, entfernt von Lieben und Geliebtwerden. Man darf zwar im Äußeren ein Narzisst sein, sich in der Kleidung eitel geben und blöde Sprüche kloppen, aber wenn es darum geht, sich selber liebzuhaben, sich selber im Wesen gut zu sehen, dann denken viele »Gott-oh-Gott-oh-Gott«, und die wenigsten Menschen kriegen das hin.

Aber mich stylen, meinen Körper in Form bringen, mich attraktiv finden ist nicht verboten?

Nein. Warum soll ein Mann, eine Frau sich nicht vorteilhaft anziehen? Sport, körperliches Training ist im Zen ein Pfeiler des Weges. Unseren Körper gut zu kleiden und ihn heilsam zu trainieren, um seine natürliche Schönheit sichtbar werden zu lassen – großartig. Behandele deinen Körper gut.

Aber ich meine nicht den Körper, die Körperlichkeit, sondern unseren Persönlichkeitszirkus, wenn ich von Narzissmus rede. Der darf gepinselt werden. Er darf Schokolade trinken, bis er platzt, er darf sich betrinken, unmögliche Dinge tun, sich feiern lassen. Egomanie ist in vielen Bereichen Zeittrend. Außen super, cool, trendy, witzig – innen nix, keine Beziehung zum Wesen, keine Beziehung zum Herzen anderer. Das geht nicht lange gut. Das Wesen in unserem Inneren – das zu lieben, haben wir nicht gelernt. Daher steht am Beginn des Zen-Wegs, sich selbst in seiner Tiefe, in seiner Wirklichkeit und Wahrhaftigkeit lieben zu lernen. Und aus diesem Sich-selbst-Lieben ergibt es sich von alleine, wenn sich das Herz öffnet, andere Menschen zu lieben, ihnen zu dienen. Das ist die Essenz.

Und wenn ich das nicht schaffe?

Es geht nicht um Schaffen und Nicht-Schaffen. Es geht darum, anzufangen! Das ist alles. Es geht nicht um das Ende des Weges, sondern um den Beginn. Nicht das Ziel ist der Grund, den Weg zu gehen, sondern der Weg selbst ist der Grund. Nicht Glück ist das Ziel oder der Grund zu leben, sondern zu leben ist der Grund selbst.

Wir erinnern uns: Es gibt keinen Weg zum Glück, Glück selbst ist der Weg. Wir können das auch umdrehen: Der Weg selbst ist das Glück. Ein Zen-Meister ist nicht glücklich, weil er irgendwo angekommen ist, sondern weil er den Weg geht.

Schaffen ist Nicht-Schaffen.
Meister ist Nicht-Meister.

Buddha-Sein heißt: Ich gehe meinen eigenen Weg und befreie mich. Das bedeutet Vertrauen zu dem Weg und zu der Gemeinschaft der Weggefährten, der Gemeinschaft der Menschen um mich herum. Daraus erwächst: Ich mache es zur Übung meines Lebens, für alle Wesen wie eine Sonne zu scheinen. Das ist der Weg. Man muss sich auch gleichzeitig den Menschen zuwenden und selber ganz Mensch sein. Und auch den Mut haben, egal, ob ich

Schüler bin oder Meister, Fehler zu machen. Ich gehe einen Weg, der frei ist von Schaffen und Nicht-Schaffen. Das Entscheidende ist alleine, dass ich diesen Weg gehe. Das meine ich, wenn ich sage:

Unabhängig von allem gehe den Weg deines Herzens.

Teisho

DAS LEBEN IST EIN GESCHENK

Ich will heute etwas erzählen
über den Sinn unseres Lebens,
über die Liebe, den Wandel und das Wachstum.

Ja, der Sinn des Lebens ist Wachstum,
und die Erde, der Nährboden, der Dünger ist die Liebe.
Schaut euch um, diese Blumen und Pflanzen um uns herum,
die wachsen auch, einfach so.
Die haben keine Probleme, so wie wir.

Wachstum und Veränderung!
Shakyamuni Buddha erklärte immer wieder:
Leben ist Wandel.
Das war eine seiner Grundaussagen.

Und diese hat zwei Seiten:
Da ist einmal das Problem,
dass wir Dinge festhalten wollen, die sich verändern.
Die andere Seite ist der Weg der Wandlung,
des Wachstums über das Leid hinaus.

Und dieser Weg verwandelte auch Shakyamuni zu Buddha.

Das ist die Veränderung.
Diese tiefe Einsicht.
Leben ist Wachstum.
Leben ist Veränderung.
Leben ist auch Vergänglichkeit.
Wo liegt da der Kern?
Wo liegt darin sozusagen ein Weg?

Der grundsätzliche Punkt ist der,
dass wir wie diese Pflanze hier
oder die Bäume da draußen wachsen.
Der Mensch wird geboren und wächst.
Aber er hört nicht auf zu wachsen,
wenn er in die Pubertät kommt und
er einen Stempel bekommt,
wenn er 18 Jahre alt ist:
So, nun hör auf zu wachsen,
nun funktioniere in der Gesellschaft und
mache immer das Gleiche in einem bestimmten Schema.
Nein, wir wachsen ja weiter.
Und so kommt es für uns Menschen mit der Zeit zu
Konflikten. Du bist 17 und fragst:
Was wollen die eigentlich alle von mir?
Oder du bist 30 und denkst:
Wo geht es hin?
Oder du bist 50, dann spricht man von Midlife-Crisis.
Oder du bist 75 und denkst, du bist alt und keiner
braucht dich.
Unfug!

Werde ein wahrer Mensch

Buddha sagt:
»Es gibt keinen Weg zum Glück!«
Das ist die eine Seite der Medaille.
Die andere Seite ist, wie er sagt:
»Glück selber ist der Weg!«
Es gibt keinen Weg zum Glück,
ihr findet nicht da draußen irgendetwas,
sondern Glück ist in euch selber,
wenn ihr es zulasst.

Das ist der Weg.
Und das ist auch Wachstum.
Das ist wie Meister Rinzai,
der Begründer unseres Ordens, sagt:

»Ein wahrer Mensch ohne Rang und Namen
geht in eurem Gesicht ein und aus.«

Ein wahrer Mensch zu werden –
ja, was ist das?

Zunächst ist wichtig:
Ihr habt alle, jeder von euch, dieses Recht in euch,
dieser wunderbare schöne Baum, dieser wunderbare schöne Mensch in seiner vollkommenen Form zu werden.

Und das Tolle daran ist:
Ihr müsst überhaupt nichts machen.
Ihr braucht keine Bedienungsanleitung,
ihr braucht keinen Bauplan, ja!
Ihr müsst einfach dieses Wachsen zulassen.
Einfach dieses Wachsen in euch zulassen.
Und wie geht das?

Auch das ist sehr einfach.
Als Erstes müsst ihr diese Unzufriedenheit spüren.
Dieses Leiden, diese Sehnsucht nach Glück,
nach Wachstum, nach Vollkommensein, nach Frieden.

Das ist das Erste.
Und dann kommt der zweite Schritt.
Ihr entscheidet euch dafür.
Ihr entscheidet euch nicht für einen neuen Trend,
nicht für die Fernsehsendung um 20:15 Uhr,
nicht für gelb kariert oder dunkel gescheckt.
Ihr entscheidet euch auch nicht für dies oder das,
sondern ihr entscheidet euch nur für euch selber.
Das wird euch sehr schwerfallen.
Ich fange bewusst nicht mit der Übung an.
Was nützt euch eine Übung,
wenn ihr euch nicht für euch selbst entschieden habt?
Dann könntet ihr stundenlang alle möglichen Yoga- oder
Qigong-Übungen machen, Zen-Übungen, ja, ist nett –
bringt aber rein gar nichts,
ohne die Entscheidung, ein wahrer Mensch zu werden.

Erst die Entscheidung für euch, in dieser Sehnsucht stehenzubleiben, auch in diesem Leiden stehenzubleiben, ja, das ist ja noch viel schlimmer, davon wollen wir ja weg. Umso weiter weg ihr aber von diesem inneren Leiden lauft, umso weiter lauft ihr von euch weg und umso schlimmer wird es. Dann, wenn diese Entscheidung da ist, für euch zu sein, euch wachsen zu lassen wie ein Baum mitten in der Frühlingssonne, offen, breit und weit, im Wind des Frühlings, dann erst beginnt die Übung.

Was ist denn diese Übung?
Ist das irgendeine Übung,
dann mache ich irgendetwas,
und schon bin ich wieder woanders,
beschäftige mich mit anderen Dingen.
Nein, ich beschäftige mich mit überhaupt nichts.
Mit Zen kann man sich nicht beschäftigen.
Man kann auch kein Interesse an Zen haben.
Sondern es ist erst mal nichts weiter als ein Anhalten,
die Übung ist ein Moment des Anhaltens.

Ich halte jetzt an.
Dieser Wahnsinn, der mich seit Jahrzehnten treibt,
ist nicht die Essenz meines Seins.
Aber was ist es dann?
Jetzt halte ich an.
Denn der Buddha lehrt:
Nur in diesem Anhalten findet ihr euch.
Nur in diesem Anhalten findet ihr dieses wunderbare Glück, diesen Frieden.

Nur in diesem Anhalten werdet ihr zu einem Baum, groß und breit, der im Sommer Tieren Schatten spendet und in dem wunderbare Vögel nisten werden.

Hinter den Gedanken, hinter den Gefühlen,
hinter den Körperempfindungen,
da ist eure wahre Schönheit, euer wahres Herz, Frieden.

Und wenn ihr ganz still seid, dann könnt ihr Liebe spüren.
Reine Liebe, ohne zu sollen und müssen, einfach so, nur Liebe. Nur Liebe! Nur Herz!
Ihr spürt eure eigene Schönheit,
Heiligkeit, wunderbar.
Ihr spürt euch selber, den ganzen Körper.

Reine Liebe,
ohne zu sollen und zu müssen,
einfach so,
nur Liebe.

Ihr öffnet eure Augen,
schaut mal, ist es nicht schön?
Das seid ihr.
Geräusche, Körperempfindungen, macht doch nichts.
Ja, so einfach ist das.

Unser Herz ist der Schlüssel.
Es eröffnet uns den Weg zur unbedingten, objektfreien Liebe. Ungebunden an Gegenstände,

ungebunden an Personen.
Wenn Maitri, die liebende Güte,
die allumfassende Liebe sich öffnen,
bleibt dieses Tor offen.
Wenn wir diesen Weg von Herzweisheit weiter betreten,
dann wird Maitri im Alltag uns mehr und mehr zugänglich.
Sie durchstrahlt uns mehr und mehr.
Sie ist wie ein Hintergrund,
der unsere Schwächen,
die wir als Menschen alle haben,
immer haben werden,
Gier, Hass, Ablehnung, Verwirrung,
Unruhe, Zweifel, Ängste,
abmildert.
Die unsere unheilsamen Kanten, unser extremes Überreagieren abmildert.

Herz ist ein Quantensprung,
ein Meilenstein auf dem Dharma-Weg,
auf unserem Weg zur Freiheit.
Das Herz ist unerschütterlich in der Brandung.
An unserem Herzen können wir uns orientieren,
und auf einmal entsteht eine eigene,
innere Ethik und wir sind nicht mehr angewiesen
auf andere Menschen, die sich um Moral und Ideologien streiten, dafür töten und Kriege führen.
Wir stehen nicht mehr hilflos davor und fragen uns:
Wie kann das nur sein?
Wir entwickeln einen eigenen Maßstab.

Wir brauchen dann keine großen Führer mehr.
Das ist der Quantensprung.
Wir brauchen keine großen äußeren Vorbilder mehr,
weil das Große, das Göttliche,
das Herz in uns selbst zu leuchten beginnt.
Das ist das Wunderbare, und darin liegt eine Chance.

Der Weg zur vollkommenen Befreiung ist ein sehr langer Weg. Die Menschheit, wir, benötigen immer mehr Menschen,
die aus einem höheren Bewusstsein heraus,
und damit meine ich aus dem Herzen heraus,
anfangen, das Leben zu gestalten,

Frieden in uns selbst
bedeutet auch Frieden in der Welt.

Wie kann unsere Welt Frieden und Harmonie entwickeln,
wenn wir in uns keinen Frieden und keine Harmonie haben?
Das funktioniert nicht.
Deshalb entsteht doch dieser Wahnsinn,
dass Menschen
sich »Friede« und »Liebe« auf die Fahnen schreiben,
aber dann aufeinander losgehen.

Der Schlüssel zu Maitri, zu Liebe,
zum Herzen ist Selbsterlaubnis,
Bereitschaft und Offenheit.

Ja, ich darf glücklich sein.
Ja, ich darf lieben.
In unserer Gesellschaft ist Liebe konditioniert.
Wenn ich klasse aussehe,
habe ich viel Erfolg beim anderen Geschlecht.
Wenn ich nett bin, dann bekomme ich dies und das,
dann wird der und der Wunsch erfüllt.
Ich liebe, mhmhmhm!

Aber Liebe ist nicht an irgendetwas gebunden.
Das Herz ist wie eine Sonne,
die in euch zu scheinen beginnt.
Und weil sie in euch, in eurem Zentrum scheint,
werdet ihr zuallererst vollkommen von diesem Herzen und
dieser Liebe durchflutet.
Das strahlt ihr dann nach außen,
ihr blickt in die Augen eines anderen und
gebt diesen Ton weiter.
Reagiert in einer Situation vielleicht etwas gemäßigter,
nicht frei von Verblendung,
sicherlich nicht.
Ja, wir sind Menschen.
Aber zumindest nicht mehr so wie früher,
so unheilsam.
Es ist ein Weg, wir sind keine Helden.
Maitri aber ist der Schlüssel für das Zulassen,
das Loslassen, für die eigene Hingabe.

Hör auf zu denken –
und sei einfach glücklich!

Herz bedeutet zu erkennen,
dass wir alle, jeder Mensch,
wie eine Blume sind, nur die Blüten sind geschlossen.
Das ist unser Sein.
So werden wir geboren, und so sterben wir.
Wir wissen nicht, wer wir sind.
Wir wissen nicht, wohin wir gehen.
Wir haben Konzepte und Bücher, die uns trösten.

Herz bedeutet, die innerste Bestimmung,
euer Erbrecht als Mensch zu erfüllen und
wie eine Blüte, wie eine Blume zu strahlen.
Das ist unsere Bestimmung als Mensch.

Jeder Mensch ist in seinem tiefsten Wesen voll größter
Schönheit, aufgefordert diesem Weg zu folgen.
Ein Weg, der jenseits liegt vom logischen Denken.
Das meine ich, wenn ich sage:
Hört auf zu denken und seid einfach glücklich.

Und deshalb ist es wichtig, anzuhalten.
Denn nur in dieser Stille könnt ihr eure Welt
in eine neue Form bringen, eine neue Harmonie.
Nur in dieser Stille findet Wachstum statt.
In dieser Stille kann auf einmal der Baum wachsen.
Tief in die Erde verwurzelt breitet er seine Blätter aus und
trotzt Stürmen, Hitze und Kälte.
Und alle, die an ihm vorbeikommen, sagen
»Was für ein wunderbarer, schöner Baum«
und bleiben stehen.

Und dann, in der Entscheidung, die Übung,
die Meditation, in sein Leben zu lassen,
kann es jeder erfahren:
Das Leben ist so ein Geschenk!
Es ist so großartig,
es lohnt sich anzuhalten und
sein Herz zu spüren!

Lasst uns zum Abschluss uns gemeinsam
in diese Tiefe fallenlassen.

So grenzenlos wie der Himmel
soll mein Erbarmen mit mir selber sein.
Möge ich wie eine Sonne für alle Wesen scheinen.
Möge ich vollkommen glücklich sein und
in Frieden leben und somit ein Vorbild sein.
So grenzenlos wie der Himmel
soll mein Erbarmen mit allen fühlenden Wesen sein.

Mögen alle Wesen vollkommen glücklich sein und in Frieden leben.

Gleich wie die Lotosblüte lieblich und
unbefleckt sich aus dem Schlamm erhebt,
so soll mein Meditieren sein,
wenngleich ich auch in dieser Welt der Täuschung lebe.
Mit also gereinigtem Sinn will ich dem Heiligen dienen.

Catvari Apramana Cittani.

Maitri. Güte wie ein Sonnenmeer.
Karuna. Liebe wie die Liebe einer Mutter zu ihrem Kind.
Mudita. Freude wie Frühlingssonne.
Upeksha. Gelassenheit wie ein stiller weiter Ozean.

Maitri – Güte!
Karuna – Liebe!
Mudita – Freude!
Upeksha – Gelassenheit!

Maitri – Karuna – Mudita – Upeksha!

KEIN ZIEL, KEINE ERLEUCHTUNG, KEIN ERWACHEN

Erleuchtung, Befreiung oder, wie Dürckheim sagt, die »große Erfahrung« spielt gerade im Zen eine wichtige Rolle. Kannst du das beschreiben?

Nein.

Der indische spirituelle Meister und Lehrer Jiddu Krishnamurti sagte: »Wenn ein Guru aus dem Osten oder ein Mann im Westen sagt: ›Ich habe Erleuchtung erlangt‹, dann können Sie sicher sein, dass er nicht erleuchtet ist. Erleuchtung ist nicht etwas, das man erreichen kann.«

Was meint also »Erleuchtung«?

Eigentlich gar nichts.

Also ist es im Zen kein Ziel, erleuchtet zu sein?

Keine Ahnung.

???

Wenn ich mein Herz zum Leuchten bringe, entstehen Liebe, Demut und Güte. Darum geht es am Anfang.

Aber später … es geht doch um Satori, um die »große Befreiung« des Menschen? Um das »große Erwachen«?

Wenn ich mit dem linken Bein einen Schritt mache: ja.

Wenn ich mit dem rechten Bein einen Schritt mache: nein.

Wenn das viele zum einen wird, zu was wird das eine?

Was für ein Ziel soll es geben?

Der Schatten des Bambus im Mondlicht

Wischt den Staub von den Treppenstufen – die ganze Nacht lang – nichts ist je weggewischt.

Schön, ich bleibe hartnäckig. Für uns Menschen gibt es unterschiedliche Bewusstseinszustände. Wachen, Schlafen, Träumen zum Beispiel. Wo würdest du die Erfahrungen, das Erwachen im Zen einordnen?

Die Frage ist für uns: Was ist Erwachen? Ist es, dass ich morgens aufwache und der Wecker klingelt und ich ganz empfindsam denke: Huch, wo bin ich hier? Und dann denke ich auf einmal: Ich muss jetzt zur Arbeit, ich bin zu spät. Und ich quäle mich heraus aus dem Bett, und ich mache dies oder das. Ist das dieses Erwachen? Was ist Wachheit? Was ist erwacht? Der Mensch hat das Bewusstsein geschenkt bekommen, um diesen Weg zu erkennen. Zu erspüren, jeden Moment. Das ist ein großes Geschenk.

Was genau passiert, wenn sich das Bewusstsein eines Menschen erweitert?

Na ja, da erweitert sich eigentlich nichts. Der Mensch wird der, der er ist. Meister Rinzai, der Begründer des Rinzai-Zen, sagte immer: »Es geht nicht um den Übermenschen.« Mit meinen Worten jetzt würde ich sagen, es geht nicht um den Über-Buddha. Rinzai spricht vom »wahren Menschen«. Der wahre Mensch geht in deinem Gesicht ein und aus. Wer bin ich? Oder wie der russische Dichter Fjodor Dostojewski es beschreibt: »Der Mensch ist unglücklich, weil er nicht weiß, dass er glücklich ist. Nur deshalb. Das ist alles, alles! Wer das erkennt, der wird gleich glücklich sein, sofort, im selben Augenblick.«

Und wie erkenne ich mein Glück?

Man muss aufpassen, dass man nicht in der esoterischen Oberflächlichkeit landet. Entscheidend sind das Wort »erkennen« und »der Augenblick«.

Das verstehe ich nicht.

Den Buddha vergleiche ich oft mit einem Arzt, dessen Diagnose lautet: Alle Menschen sind krank. Sie sind befallen von einer Art Wahnsinn. Und dieser Wahnsinn führt zu fürchterlichem Leiden und anderen schrecklichen Dingen. Und jeder wuselt und kämpft in seiner kleinen Kiste, leidet und freut sich. Das ist vergleichbar mit Küken, die in ihren Eiern bleiben. Und genau das ist die

Tragik des Menschen: Sie sterben quasi in den Eiern. Sie sind nie rausgekommen.

Und der Mensch, der aus dem Ei geschlüpft ist, der ist erwacht, erleuchtet?

Alles ist licht, hell und weit – für das Küken ist das die Geburt,
für uns Menschen ist es das Erwachen.

Ist der Mensch dann ein anderer?

Es gibt da eine Geschichte von Buddha, die sich ereignet haben soll, kurz nachdem er unter dem Bodhi-Baum tiefe Einsicht, also das Erwachen, erlebt hatte.

Buddha Shakyamuni saß an einem See,
Wanderer kamen vorbei.
Sie bemerkten seine ruhige Gelassenheit,
seine strahlende Güte,
seine friedliche Ausstrahlung.

»Wer bist du«, fragten sie ihn,
»ein himmlisches Wesen?«
»Nein«, sagte der Buddha.
»Bist du ein Zauberer oder gar ein magisches Wesen?«,
wollten die Menschen wissen.

»Nein«, sagte Buddha wieder,
»das alles bin ich nicht.«
»Was bist du dann?«, wurde er weitergefragt.

Da antwortete der Buddha:
»Ich bin erwacht.«

Zen-Geschichte

Eine Frage, die ich dir in verschiedenen Zusammenhängen immer wieder gestellt habe: Gibt es eine Instanz im Menschen, aus der heraus er handeln kann oder handelt?

Ja, das ist die Instanz des Herzens.

Und was ist »die Instanz des Herzens«?

Um das zu verstehen, müssen wir zuerst erkennen, dass es einen Unterschied gibt zwischen Gefühl auf der einen Seite, Liebe und Herz auf der anderen Seite. Die Liebe ist das große Bewusstsein in uns Menschen – ich sage bewusst nicht Gefühl. Dieses Bewusstsein ist in der Lage, über uns hinauszugehen. Es ist »transpersonal« – es reicht über uns hinaus. Es ist eine Form von Intelligenz, die über dem liegt, was wir als Verstand bezeichnen.

Na ja, Liebe macht mitunter auch blind.

Ich hab's ja schon mal gesagt. Normalerweise sagt man, Liebe macht blind, und meint damit oft »dumm«. Gier macht blind! Natürlich kann einen die Liebe in Situationen bringen, in denen man erschüttert ist, aber eigentlich erweitert Liebe immer unser Bewusstsein, wir nehmen wesentlich mehr wahr.

Bin ich dann empfindlicher?

Ja, wenn ich nicht geerdet bin. Im Zustand der Liebe erweitert sich der alltägliche Rahmen des Menschen, das »enge Gefängnis seines Ichs und seiner Geschichte« öffnet sich. Und diese Instanz, wenn man sie so nennen will, die Instanz der Liebe ist unabhängig von dem Individuum. Diese Liebe, von der ich spreche, ist deshalb unbedingt und nicht mehr abhängig von den Dingen, die das kleine Ich erfahren hat. Diese Liebe ist die Verbindung von mir und allem. Dadurch entsteht ein anderer Blickwinkel. Letztlich, wenn ich in der Lage bin, von dem Relativen in mir selber abzusehen, und ich diese Einheit spüre, dann entsteht eine Orientierung – eine Instanz, wenn man so will, in mir.

Kannst du das für jemanden übersetzen, der keine Zen-Erfahrung hat?

Ja. Jemand sitzt in der Wartehalle eines großen Bahnhofs. Er ist genervt, weil der Zug eine lange Verspätung hat. Plötzlich sieht dieser Jemand einen Mann oder eine Frau, und da macht es peng! In diesem Moment ist alles weg, kein Bahnhof, kein Zug, keine Verspätung, kein Genervtsein. Da ist als erster, als allererster Impuls etwas Lichtes und Helles, Großes und Schönes. Das dauert vielleicht nur eine Sekunde. Natürlich strömen dann sofort unendlich viele Gefühle ein: Gier, Furcht, Besitz, alles Mögliche. Sie ist relativ schnell weg, die Unschuld des ersten Augenblicks. Aber es gab diesen kurzen Moment.

Oder: Ich stehe am Strand, und plötzlich scheint aus den Wolken der Mond hervor. Alles ist in lichtem Silber, eine kleine Welle bricht sich sanft und hell im Kies, Steinchen klackern.

Eine Sekunde der Stille, niemand ist mehr da. Ein Möwenflügelschlag – und aus dem allen ohne einen bin ich wieder hier, der eine mit Name und Zeit. Für einen Moment bin ich berührt, und diese unmittelbare Betroffenheit, das ist Zen. Wir Menschen erleben sie, wenn wir zum Beispiel einen anderen Menschen oder ein anderes Wesen ganz aufrichtig lieben – ohne zu hinterfragen, ob unsere Liebe erwidert wird. Wir erleben sie, wenn wir eine Aufgabe oder eine Tätigkeit mit totaler Hingabe ausüben, auch dann gibt es solche Momente der absoluten Unschuld. »Momente der Liebe« eben, wie du sie zu Beginn unseres Gesprächs bezeichnet hast.

Ja, das sind Situationen, in denen wir uns, unser Ego, vergessen.

Dieses Unmittelbare ist eine Art Instanz der Wirklichkeit. Im Chaos des normalen Lebens wird mir diese Instanz immer eine Idee, eine Eingebung geben, um einen Lichtblick zu erleben. Diese Instanz wird so zu einer Linie im Chaos. Du kannst auch sagen, es ist eine Art Orientierung, ein roter Faden, der dich durchs Leben führt.

Und diese Instanz hat jeder Mensch, oder sie ist in jedem Menschen?

Ja.

(.............)

Du schweigst? Ist es Gnade, solche Erfahrungen zu machen, das Unmittelbare zu erleben?

Ja.

Dann kann ich eigentlich nichts dafür tun?

Doch. Du kannst innehalten und bereit sein für diese Gnade. Wenn du die ganze Zeit umherrennst wie eine Wahnsinnige und dir tausend Dinge ausdenkst, die dazu führen, dass Millionen Dinge zurückkommen, bis du am Rande des Nervenzusammenbruchs bist, dann hast du gar keinen Raum, in dem du der Gnade überhaupt begegnen könntest.

Aber wenn du anhältst, unmittelbar, wenn es regnet, und der Regen regnet auf dich herab, und du spürst dieses wunderbare einfache Sein, dann wird diese Gnade dir zuteil, weil du innegehalten hast.

Innehalten heißt ja auch aufhören nachzudenken, zu analysieren. Und hier schließt sich der Kreis mit der Anfangsfrage: Sind Menschen glücklicher, die weniger denken, die vielleicht sogar nicht so intelligent sind?

Der christliche Mystiker Meister Eckhart sagt sinngemäß: Je mehr wir Eigenes haben, umso weniger Liebe haben wir. Armut im Denken, Armut im Denk-Geist, ist der Anfang aller Seligkeit und Vollkommenheit. Wenn Jesus sprach: »Beati pauperes spiritu« – »Selig sind die Armen im Geiste«, so meinte er nicht, dass seine Gemeinschaft ein Club der besonders unintelligenten und hirnfaulen Ignoranten sei, sondern er meinte die Armut, den Mangel an wirrem, verstricktem zwanghaftem Denkchaos.

Im Zen heißt es analog dazu: »Denke das Nicht-Denken.«

Je mehr ich habe, desto mehr kann und muss ich wegwerfen, umso größer die Hingabe, desto größer die Gnade.

Hingabe an wen oder was?

Die Hingabe erst macht es möglich, zu erkennen, dass Körper, Verstand und Seele – oder wie Ramana Maharshi sagt: »Körper, Wort und Geist« – Instrumente sind, um dem Einen, um Gott, dem Selbst, dem Großen Geist zu dienen.

Wer kann das Selbst, Gott erkennen, erfahren?

Ein Stein kann nicht denken. Ein Stein kann den Zen-Weg nicht betreten, kann kein lebender bezeugender Buddha sein. Alle Wesen haben Buddha-Natur, haben göttliches Wesen, aber nur wir Menschen können das Mysterium des sich selbst entdeckenden Geistes erfüllen. Kurz: Zen ist nichts für Blöde, die blöde bleiben wollen, aber sehr wohl für diejenigen, die sich nach Erlösung aus der leidvollen Verstrickung der Denk-Gefühls-Achterbahn sehnen.

Ein Stein kann nicht denken, ist also nicht bewusst. Ist es nicht doch nützlich, denken zu können, damit wir uns über uns selbst bewusst werden?

Ein altindisches Sprichwort sagt »Geist schläft im Stein, träumt im Tier und erwacht im Menschen«. Wenn wir alle drei Zustände auf unser Menschsein beziehen, heißt »schlafen« hier, im Zwang unheilsamer Gefühle zu sein, also eifersüchtig, gierig, verblendet, neidisch und so weiter und so weiter zu sein.

»Träumen« bedeutet, die Fähigkeit von Vernunft, Aufklärung und Verstand zu entwickeln, die Vision von Gleichheit, Freiheit und Brüderlichkeit zu haben, von Wohlfahrt und Frieden.

Und erwacht im Menschen …

»Erwachen« heißt, aus dem Denken einen Schritt weiter zu gehen: aus der Stille durch Sehnsucht, Disziplin und Gnade in die Freiheit, Liebe und Ewigkeit auf-zu-wachen.

Hat jeder Mensch diese Fähigkeit, das Potenzial zum Erwachen?

Diese Fähigkeit des Menschen entwickelt sich. Eine Entwicklung, die schon bei Jesus, Buddha und Moses in Form von Mitgefühl, Herz und gleichen Geboten für alle angelegt wurde. Aber leider sind bis heute diese Fähigkeiten, sich in dem hohen Bewusstseinszustand des Herzens, der offenen Weite, des Großen Geistes zu bewegen oder gar aus diesen heraus zu handeln, nur rudimentär vorhanden. Leider ist die Stärke dieser Dimension noch nicht erkannt.

Aber es gibt immer mehr Menschen, die gegenüber dieser Art, das Leben zu betrachten, offen sind.

Ja, aber es ist beim Gros in den westlichen Gesellschaften doch noch so, dass Richtungen wie zum Beispiel Meditations-Yoga, Qigong oder Zen, die diesen Weg unterstützen, eher belächelt werden. Aber es verändert sich langsam, und das macht mich glücklich, das ist klasse. Aber solange sich Herz mit Dummheit verbindet, wie es bei vielen Esoterikern der Fall ist, oder Weisheit ohne Herz, wie es auch bei vielen traditionellen Zen-Anhängern zu finden ist, so lange wird sich nicht wirklich etwas ändern. Genauso ist Herzweisheit ohne Kraft vergleichbar mit einem Menschen, der den Weg anzeigt, ihn aber selber nicht geht.

Um was genau geht es dir?

Unsere Zeit braucht ein neues Bewusstsein, braucht die Kombination von Fokussierung, Weite, Kraft, Intuition, Weitsicht und innerer Ethik. Und über allem die Orientierung aus tiefer Herzweisheit.

Daishin-Zen versucht zu zeigen, das sich geerdete Herzweisheit mit Stärke, Kreativität, Schaffenskraft und einem glücklichen Hier – mitten in der Welt sein – verbinden kann. Und das ist im Grund gar nicht schwer. Wir machen es uns nur schwer.

Der alte Abt lag im Sterben.
Er wollte noch einen Nachfolger bestimmen.
Aus allen Kandidaten blieben letztlich drei weise
Mönche übrig. Den dreien stellte er eine Aufgabe.

Sie wurden in ein Höhlenkloster gebracht,
an dessen Tür ein
raffiniert gearbeitetes Schloss hing.
Die Aufgabe war klar:
Derjenige, der sich aus dem Kloster
als Erster befreien könnte,
sollte der neue Abt sein.

Zwei von den dreien schauten sich immer wieder
das Schloss an und versuchten mit mathematischen
Gleichungen die Lösung zu finden.

Der dritte saß unterdessen
in einer Ecke auf einem Stuhl
und tat nichts.
Nach einer Weile stand er auf, ging zur Tür,
öffnete sie und ging direkt zum alten Abt.

Die Tür war nicht verschlossen gewesen.

Zen-Geschichte

Stehen wir auch ratlos vor Türen, die offen sind, und merken das nicht?

Ja, so ist es auch mit unserem Leben. Da gibt es kein Rätsel zu lösen, keine Aufgabe zu knacken, keine Lehre zu studieren, keine Methode zu beherrschen, weil wir uns gar nicht befreien müssen, wir sind frei. Nur das wollen sich unser Denken und unser emotionales Sein-Wollen um gar keinen Preis der Welt eingestehen, denn sie wollen und müssen kämpfen, gewinnen, besser sein als andere oder aber eben kleiner – das ist ihre Natur. Und darum ist es für uns so schwer, so zu sein, wie wir wirklich sind, nämlich frei. Der einzige Weg dahin führt im Zen über Zazen, die Meditation.

Nimmt die Zahl der Menschen zu, die Interesse an diesem oder einem ähnlichen Weg haben?

Ja. Es ist eine großartige Zeit, in der wir leben. Ich habe die Geschichte intensiv auch unter diesem Aspekt studiert. Dieses Zeitalter ist wunderbar. Aber es birgt auch eine große Herausforderung, denn wenn das eigene Herz sich vollkommen öffnet, wenn das eigene Herz vollkommen rein ist, dann werden Wesen geboren, deren Herz auch rein und offen ist. Ob wir nun in diese Zukunft gehen, entscheidet jeder für sich.

Was sind das für »Wesen«, die jetzt geboren werden?

Es wachsen außergewöhnliche Jugendliche heran. Umso jünger die Menschen sind, die zu uns zum Zen kommen, umso berührter bin ich. Sie lernen schnell. Sie sind so klar, so weit. Ich dachte immer, es wäre umgekehrt. Früher haben meine Lehrer gesagt, ich müsste erst 30 Jahre alt werden, um Zen erkennen zu können. Viele meiner Schüler sind zwischen 30 und 50. Und jetzt entdecke ich auf einmal Menschen, die Anfang, Mitte 20 sind und mit so einer Leichtigkeit diesen Weg gehen, dass es mich berührt. Sie leiden aber auch viel, das ist die Kehrseite der Medaille. Sie haben es nicht leicht in dieser Gesellschaft, ihren Weg zu gehen, trotz vieler günstiger Rahmenbedingungen.

Warum können sie das nicht, warum haben sie es schwer?

Viele Menschen – die meisten, fast alle – werden in ihrer Kindheit in Kisten reingepackt. Oft werden sie als psychisch krank oder auffällig beurteilt – peng, Stempel drauf, einsortiert, abgeschoben und all so ein Unfug. Das geht Lichtjahre an der Wahrheit vorbei. Diese Kinder und Jugendlichen sind begabt, doch die Eltern können mit ihrer Begabung nicht umgehen. Das ist großes Leiden.

Was ist dann das Großartige an der heutigen Zeit?

Also, wir haben jetzt eine große Chance, nicht nur allein für uns, sondern auch als Gesellschaft. Wir leben in dieser großartigen Zeit mit ihren enormen Möglichkeiten, aber die dunklen Kräfte werden natürlich auch mehr. Das will ich jetzt gar nicht weiter ausführen. Es reicht ein Blick in die Zeitung.

Hast du eine Vision von unserer Welt?

Dies ist meine persönliche Vision, und das ist für mich eine Wahrheit: Wenn eine offene Gesellschaft und eine offene Spiritualität zusammenkommen, dann entsteht eine neue Art des Miteinanders, des Lebens auf diesem Planeten. Und um eine solche spirituell geprägte Gesellschaft zu erschaffen, brauchen wir diese Menschen, die nach meinem Eindruck immer mehr werden. Sie können dann auch anderen Menschen, die vielleicht noch nicht so weit sind wie sie, helfen, so zu werden. Das ist dann eine große Kraft, die einen Quantensprung hervorrufen kann. Einen Quantensprung, der es ermöglicht, dass wir Menschen auf diesem Planten in Frieden, Freude und Liebe miteinander leben können. Das ist meine Vision.

Ist die Zeit denn reif für einen Quantensprung?

Ja, genau jetzt!

Jetzt sind wir in einer Zeit, gerade hier in Europa, wo eine offene Gesellschaft und eine offene Spiritualität aufeinandertreffen. Das ist eine riesige Chance. Wenn auch die »alten Kräfte« erkennen, dass es eine Chance für sie ist und keine Bedrohung, dann können wir eine wunderbare Stärke entwickeln.

Also, du meinst, alles, was ist, steht miteinander in einer energetischen Beziehung, und immer mehr Menschen werden sich dessen bewusst?

Ja, und das meine nicht nur ich, es ist nicht neu.

Im Buddhismus gibt es »das Netz des Indra« – Indra ist eine hinduistische Gottheit. Das bedeutet, wenn ich Millionen Kilometer entfernt an dem einen Punkt etwas tue, dann zeigt sich dieser Impuls zeitgleich auch auf einem anderen Punkt des Netzes. Die Wissenschaft erforscht das heutzutage, die Wissenschaft von der superluminaren Übertragung, also der Übertragung in einer Art Überlichtgeschwindigkeit. Oder buddhistisch ausgedrückt: Alles was existiert, steht in Beziehung zueinander.

Nach der buddhistischen Lehre spannte der altindische Gott Indra in seinem himmlischen Palast ein Netz aus Raum und Zeit und schuf so ein Abbild des Kosmos. Das Netz besteht aus sich gegenseitig reflektierenden Juwelen: Blickt man in einen davon, spiegeln sich alle anderen darin wider. Was sich also in einem Juwel zeigt, erscheint gleichzeitig auch in allen anderen und umgekehrt. Was mit einem von ihnen geschieht, beeinflusst auch alle übrigen.

Das heißt, letztlich ist alles in einem vorhanden?

Ja, letztlich ist alles in einem vorhanden. Alles ist gleichzeitig JETZT. Jeder Raum ist gleichartig. Alle Zeit ist gleichzeitig JETZT. Das ist mit dem Begriff »Netz des Indra« gemeint.

Daraus ergibt sich noch einmal die Frage nach einer höheren Instanz. Gibt es die?

Als was?

Ja, das frage ich dich. Eine Instanz, die alles verbindet?

Das kannst nur du selbst beantworten, erfahren.
Sei dieser Diamant.

Ich glaube, ich beginne zu verstehen. Diese Instanz bin ich selbst. Deshalb gibt es sie in mir, weil ich sie bin. Sie führt und leitet mich, aber sie ist nicht verschieden von mir, sie ist keine separate, gar höhere Instanz in mir, also nicht getrennt von mir?

....

Und das ist also Zen?

Ja.

Wenn der Geist still wird, wird die Welt wahr.

Alles ist reine Liebe,

freier Raum.

Alles ist Sein,

im Moment und in alle Ewigkeit.

Syobu Sensei

ZEN-BEGRIFFE

Was ist …

Achtsamkeit?

Offene Weite, wach und klar. Reine ungefilterte Wahrnehmung jetzt genau in diesem Moment. Es ist reine Wahrnehmung: Unbewusstes, Alltägliches wie Atmen oder Gehen wird durch »waches, nicht fixiertes Beobachten ohne denken« zu einem Weg von reinem Gewahrwerden meines Selbst.

Anfänger-Geist?

Der Geist des Übenden, der seinen eigenen Weg geht und nicht vorgibt, schon alles zu wissen. Der Anfänger-Geist hat also nichts damit zu tun, wie lange jemand schon Zen praktiziert oder ob jemand glaubt, fortgeschritten zu sein.

Bewusstsein?

Im Buddhismus unterscheidet man verschiedene Bewusstseinsarten. Die ersten fünf sind: Sehen, Hören, Riechen, Schmecken, Fühlen. Das Denk-Bewusstsein ist die sechste. Im Sinne von »cogito ergo sum«, ich denke also bin ich. Hier beginnt oft die leidvolle Trennung von ich und Welt. Dann folgt, als siebte Art, das Ich-Bewusstsein. »Ich bin ich und will es bleiben, die an Denken und Vorstellen festhaltende Person entsteht. Die achte Stufe ist das Speicher-Bewusstsein, der Architekt aller Formen und Erscheinungen meiner Welt. Diese acht Formen von Bewusstsein verdecken das wahre Wesen: reines Bewusstsein, reinen Geist.

Buddha?

Buddha, wörtlich »der Erwachte«, ist allgemein ein Mensch, der vollkommene Befreiung und Herzweisheit erlangt hat.

Der BUDDHA bezieht sich auf eine historische Gestalt mit dem Namen SIDDHARTA GAUTAMA SHAKYAMUNI.

Daishin-Zen?

»Großer Herz-Geist« oder »Großes Herz«. Die Gründung des DAISHIN ZEN KAI als neue Linie des traditionellen Rinzai-Zen erfolgte 1998 durch die Zen-Meister Reiko Mukai und mich, Hinnerk Syobu Polenski. Beide sind Zen-Mönche und Angehörige des Hoko-Ji, eines wichtigen Zen-Klosters in Hamamatsu. Daishin-Zen ist die Brücke zwischen östlicher Weisheit und westlichem Geist. Herzgeist, der weibliche Weg und Zen als neue europäische Linie stehen im Daishin-Zen im Vordergrund.

Dharma?

Ist ein Grundbegriff im Zen, der verschiedene Bedeutungen hat: Die Weisheitsessenz, die Zen-Lehre, das universelle Gesetz, die große Ordnung, der alles zugrunde liegt. Weiterhin in der Tradition: Phänomene, Lebendige-Wahrheit, die buddhistische Lehre, die Lehren des Buddha.

Dokusan?

Das ist das Zwiegespräch zwischen einem Zen-Schüler und seinem Meister/Lehrer unter vier Augen in einem speziell dafür eingerichteten Raum. Dabei geht es nur um Zen-relevante Fragen. Im Daishin-Zen wird die traditionelle Koan-Arbeit durch Übungs-Coaching, Zen-Coaching, Mondo, Herz-Initiation und Begegnung im Schweigen ergänzt.

Ego?

Das »persönliche Ich« wird Ego genannt. Im Zen gilt die Vorstellung eines Ichs, also die Bewusstheit des Selbst, als eigenständige, von der Wirklichkeit getrennte Person, als Verblendung und Ursache von Leiden.

Enso?

Das ist die mit Tusche gezeichnete »Kreisform« – die japanisch Enzo heißt. Diese »Kreisform« wird mit nur einem Pinselstrich gemalt. Enso ist das wohl bekannteste Symbol des Zen: unmittelbare Wirklichkeit, unvollkommen vollkommen, ist es das Zeichen des Absoluten hier in dieser relativen Welt.

Gassho?

Eine Geste, Handhaltung. Sie bedeutet wörtlich: »zusammengelegte Handflächen«. Diese Haltung ist Ausdruck der Einheit und Verbundenheit, und daraus entstehend ein Ausdruck der Verehrung, Dankbarkeit oder Demut oder auch aller drei. Gassho ist im Zen die traditionelle Verbeugung. In anderen buddhistischen Schulen wird diese Gebärde »*Namaste*« genannt. »Namaste« bedeutet: »Ich verbeuge mich vor dem Göttlichen in dir.« Im Daishin-Zen ist es eine immer wiederkehrende Übung der »Herzöffnung«, der Weg zur großen Herzweisheit.

Hara?

Hara ist das Energiezentrum des Menschen. Es hat seinen Sitz drei Zentimeter unter dem Bauchnabel. Hara ist die Erdmitte des Menschen, oft auch als »Innere Mitte« bezeichnet. Der Ort der Kraft, der Lebensenergie, der tiefen Stille und des Friedens. Das Handeln aus dem Hara heraus nennt man Hara-Gai. Dies ist der erste Meilenstein des Daishin-Zen für den Anfänger.

Karma?

Karma heißt übersetzt »Wirken«, »Tat«. Mit Karma wird im gesamten Buddhismus ein Konzept bezeichnet, nach dem jede physische und geistige Handlung unweigerlich Konsequenzen hat, positive oder negative. Auch die Gesamtheit der Folgen aus dem Handeln eines Menschen wird Karma genannt. Etwas frei übersetzt sagte der historische Buddha: Wenn du wissen willst, woher du kommst, dann schau, wer du jetzt in diesem Augenblick bist. Wenn du wissen willst, wer du sein wirst, dann schau, was du jetzt in diesem Augenblick tust, sagst und denkst.

Ki?

Japanischer Begriff für Lebensenergie, im Chinesischen Qi (Ch'i). Eine allen Dingen und Lebewesen innewohnende kosmische Kraft. Ein wichtiges Zentrum für das Ki im menschlichen Körper ist die Körpermitte, und zwar der Bereich etwa drei Finger breit unter dem Nabel – dieser wird im Japanischen Hara genannt.

Kinhin?

So nennen wir im Zen die Meditation im Gehen.

Koan?

Das sind die Rätsel im Zen, die mit dem Verstand und mit Logik nicht zu lösen sind. Der Lehrer/Meister gibt dem Schüler ein Koan als Aufgabe, damit dieser lernt, seinen Verstand auszuschalten und die Antwort aus einer anderen Bewusstseinsebene auftauchen zu lassen.

Meditation?

So heißt normalerweise die Versenkung, das »Nach-innen-Gehen«. Der Weg des Daishin-Zen aber richtet sich gleichermaßen nach innen, als auch nach außen, mitten in unsere Welt. Deshalb gibt es hier sieben Meditations-Übungsgruppen: 1. Tiefenentspannung; 2. Lebenskraft und Hara; 3. Achtsamkeit und offene Weite; 4. Versenkung, innere Einheit; 5. Herz-Initiation; 6. Weisheit; 7. Übungslose Übung.

Rohatsu?

Mehrtägiges Sesshin in der Zeit, in der die historische große Befreiung von Shakyamuni Buddha unter dem Bodhi-Baum in Nordindien stattgefunden hat. Dieses Sesshin wird deshalb traditionell Anfang Dezember oder im Januar durchgeführt.

Samadhi?

In der einfachsten Form ausgedrückt: vollkommene Versenkung und Einheit mit dem Übungsobjekt. Samadhi ist Selbstvergessenheit, neben der Koan-Arbeit ein bewährter großer Weg des Rinzai-Zen.

Samu?

Körperliche Arbeiten, Zazen in Bewegung.

Sangha?

Die Gemeinschaft von Zazen-Praktizierenden bzw. die buddhistische Gemeinschaft. Auch die Gemeinschaft aller Menschen, die nach vollkommener Freiheit und Herzweisheit streben, die in Frieden und unabhängig von äußeren Bedingtheiten den Weg in Meditation finden wollen.

Seiza?

Die traditionelle japanische Sitzhaltung, bei der man kniend auf den Fersen sitzt und den Rücken gerade aufgerichtet hält. Diese Sitzhaltung in Verbindung mit einem Zen-Bänkchen ist für uns Europäer für Zen-Meditation besonders gut geeignet.

Sesshin?

So nennen wir die Periode, in der Zazen in Schweigen geübt bzw. praktiziert wird. Während eines Sesshins gibt es immer auch die Möglichkeit zum Vier-Augen-Gespräch (Dokusan) mit dem Lehrer.

Teisho?

Lehrrede des Meisters während eines Sesshins oder Seminars.

Übung?

Jeder Zen-Praktizierende hat, wenn er Schüler ist, eine Übung, die er täglich während des Zazen trainiert. Anfänger haben meistens eine Atemübung, die in der Betrachtung des Ein- und Ausatmens besteht und die zu Kraft und Stille führt.

Von Herz zu Herz? (Ishin Denshin)

Übertragung des Dharma vom Meister auf den Schüler. Sie ist keine »Wissensweitergabe«, es ist eine Übertragung eines Bewusstseins auf nonverbale Art.

Zazen?

Die wichtigste Übung im Zen: Meditation im Sitzen von einer Dauer von 25 oder 45 Minuten.

Zendo?

Raum, in dem Zazen geübt wird.

»Wer andere kennt, ist klug.
Wer sich selber kennt, ist weise.

Wer andere besiegt, hat Kraft.
Wer sich selber besiegt, ist stark.«

Laozi

Hast du zum Schluss noch etwas zu sagen?

Ja, danke für das Gespräch, es hat viel Freude gemacht. Ich danke dir aber besonders für die Idee zu diesem Buch, das geprägt ist von deinem Wunsch, dem Leser etwas über Zen anzubieten, das auch Menschen hier im Westen verstehen können, etwas, das ihre Fragen beantwortet. Diese, deine Energie hat das gesamte Projekt vorangetrieben und bestimmt. Sokrates' Ausspruch »Wer fragt, der führt« ist zwar richtig, aber in diesem Fall nicht genug. Ohne dich gäbe es kein Buch.

Gassho (verbeugt sich).

Mir hat es auch viel Freude gemacht.
Gassho (verbeugt sich auch).

Dann ist da noch Anna Fischer. Sie hat nach ihrem Job die langen Interviews unentgeltlich abgeschrieben. Auch dafür bedanke ich mich sehr.

Und mir liegt es am Herzen, mich bei meiner Freundin Simone zu bedanken. Sie gibt mir immer wieder den Raum, um Projekte – wie dieses Buch – zu machen.

Können sich Menschen an dich wenden, wenn sie mehr über Zen und Daishin-Zen wissen wollen?

Direkt ist das nicht immer einfach oder sofort möglich, aber vielleicht hilft ja schon ein Blick auf meine Homepage: www.zen-schule.de. Unter www.zen-leadership.de finden Interessierte auch eine gute Übersicht.

Noch etwas?

Mögen alle Wesen glücklich sein und in Frieden leben.

Brenda Shoshanna

Zen leben

Ein Kurs in Gelassenheit

Was macht den Kern des Zen aus? Worum geht es bei dieser Lebens- und Meditationspraxis wirklich?
Die Zen-Therapeutin Brenda Shoshanna motiviert dazu, die eigenen Gefühle und Gedanken konsequent zu beobachten. So kann das emotionale und mentale Chaos besser sortiert und mit klärender Distanz betrachtet werden.

Mit »Zen-Tipps« und effektiven Übungen zu mehr Achtsamkeit und Gelassenheit im Hier und Jetzt.

O.W. BARTH